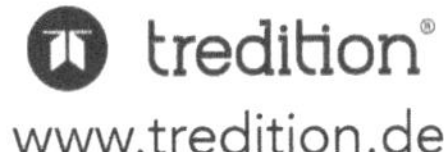

www.tredition.de

AF293408

Singing Out Loud

Blanche Elliz

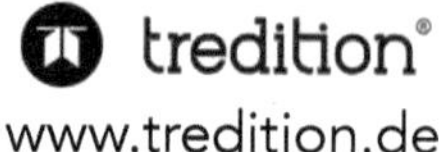

© 2020 Blanche Elliz

Verlag und Druck: tredition GmbH, Halenreie 40-44,
22359 Hamburg

ISBN Paperback: 978-3-347-02699-5
Hardcover: 978-3-347-02700-8
e-Book: 978-3-347-02701-5

Das Werk, einschließlich seiner Teile, ist urheberrechtlich
geschützt. Jede Verwertung ist ohne Zustimmung des Verlages
und des Autors unzulässig. Dies gilt insbesondere für die
elektronische oder sonstige Vervielfältigung, Übersetzung,
Verbreitung und öffentliche Zugänglichmachung.

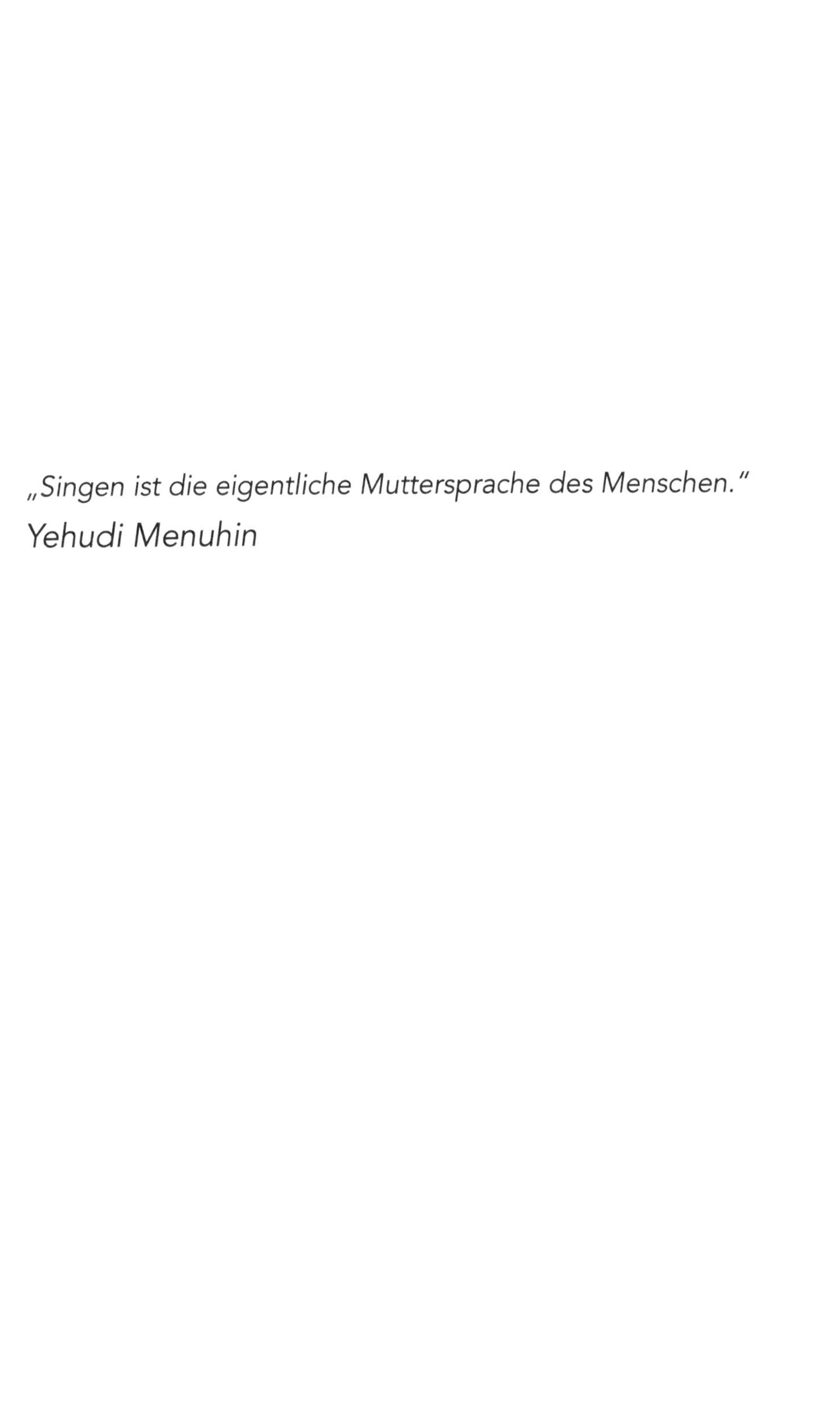

„Singen ist die eigentliche Muttersprache des Menschen.“
Yehudi Menuhin

Deine Stimme ist ein Instrument.
Du bekommst es bei der Geburt geschenkt,
es braucht nur Luft und Zuwendung.

Bring es zum Klingen
und damit Dein Herz zum Singen.

Blanche Elliz

Inhaltsverzeichnis

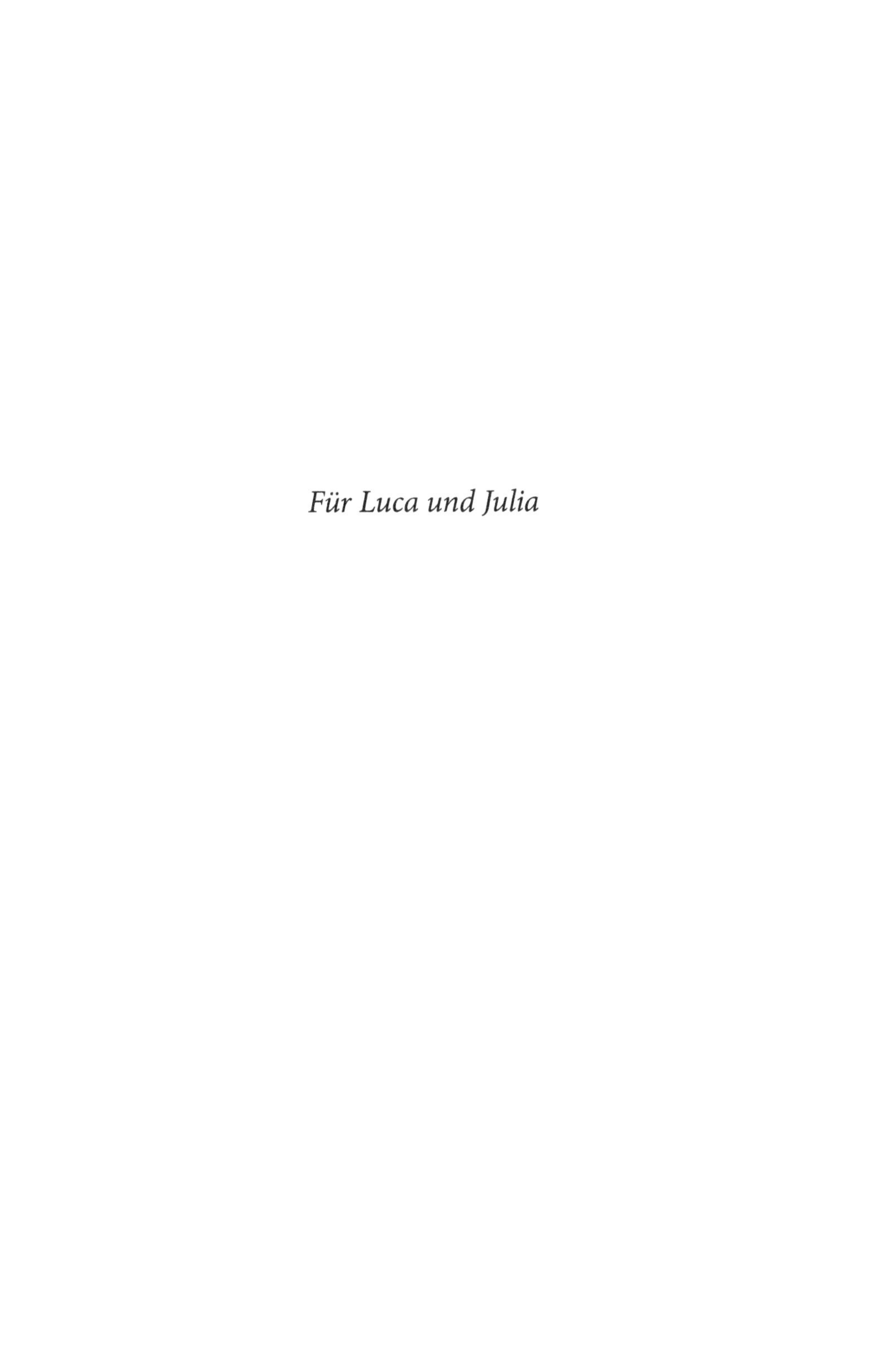

Für Luca und Julia

Einleitung

Singing Out Loud: das Buch

Dies ist ein Buch über das, was ich am liebsten mache: singen. Meine Ansprüche sind es, zu inspirieren, Dir einen Blick auf die Bedeutung des Singens zu schenken und Dich zu unterhalten. Es sind bescheidene Ziele. Ich habe ein paar meiner schönsten Gesangserfahrungen niedergeschrieben und hoffe, Dich zum Reflektieren und Singen anzuregen und vielleicht zum Lächeln zu bringen.

Wissenschaftliche Perfektion und Vollständigkeit sind nicht mein Anspruch an dieses Buch. Dennoch findest Du belegbare Fakten und Zitate aus wissenschaftlichen Werken.

Ich bin gebürtige Niederländerin und seit mehr als zwanzig Jahren Wahlberlinerin.

Das Duzen wurde mir in die Wiege gelegt. Ich möchte meiner Natur treu bleiben und werde Dich daher in diesem Buch duzen (wenn ein großer schwedischer Möbelfabrikant es darf...).

Nach niederländischem Vorbild nutze ich keine Genderformen. Sternchen gibt es schon genug im Fernsehen. Meine Hochachtung gilt Frauen wie Männern und allen anderen menschlichen Wesen.

Danke für Dein Verständnis.

Ich denke, jeder Mensch hat das Urverlangen zu singen. Gesang ist wahrscheinlich so alt wie die Menschheit. Und doch wagen es die Wenigsten, das zu tun, was im Prinzip ein Lebenselixier ist: ein Lied zu schmettern. Im Kindesalter trauen sich viele von uns noch. Aber die vielen Casting Shows, die wir im Fernsehen verfolgen können, geben uns das Gefühl, dass Singen nur etwas für Fernsehstars ist. So entwickeln wir frühzeitig eine Gesangsblockade.

Dabei wirkt Singen wie eine Glücksdroge: Beim Trällern schüttet der Körper Glückshormone aus, genau wie beim Sport oder (gutem) Sex. Wer singt, hat ein probates Mittel gegen Stress, Depression und Herzschmerz, gegen Bosheit und schlechte Laune. Dabei muss der Singende oder Tönende nicht talentiert oder geübt sein.

Lautes Mitgrölen zu einem Lieblingslied tut es auch. Es ist wissenschaftlich bewiesen, dass die positive Wirkung von aktivem Musizieren und Singen unvermeidlich ist – sogar wenn man Vorbehalte hat. Es gibt Menschen, die trinken Alkohol, um sich gut zu fühlen. Es gibt welche, die nehmen Drogen, rauchen oder essen zu viel. Ich singe. Singen ist heilsam, macht glücklich, gesund und kostet keinen Pfennig! Es ist wie mit dem Lächeln: Wenn Du nur mit Deinem Gesicht lächelst, nicht aber innerlich, fängt das Nervensystem an zu glauben, dass es Dir gut geht. Diese Information wird an das Gehirn übermittelt. Automatisch geht es Dir besser.

Fakt ist, dass sich viele Menschen schämen (laut) zu singen. Einige glauben, sie könnten es nicht, und beschränken sich auf fünf Minuten Mick Jagger oder Pavarotti unter der Dusche oder im Auto. Nur hier trauen sie sich, ein Lieblingslied aus voller Brust mitzusingen und endlich mal richtig den Opernsänger oder Rockstar in sich rauszulassen.

Wer öfters singt, lebt gesünder, ist lebensfroher, zuversichtlicher und tatkräftiger. Das hat Karl Adamek[1] bei mehr als 500 Probanden empirisch nachweisen können. Das gilt auch für Laiensänger. Adamek hat ebenfalls herausgefunden und bewiesen, dass auch körperliche Arbeit leichter fällt, wenn man dabei singt. Seine Testpersonen ließ er zum Beispiel mit ausgestreckten Armen 500-Gramm-Gewichte so lange wie möglich halten. Sie konnten ihre Leistung um 132 Prozent steigern, wenn sie währenddessen sangen.

Die ehemaligen Sklaven auf den amerikanischen Baumwollfeldern sind ein trauriges, aber ebenfalls beeindruckendes Beispiel. Das Singen ihrer Lieder half ihnen dabei, sich die harte körperliche Arbeit zu erleichtern und ihr Elend besser zu ertragen. Im Gesang fanden sie Hoffnung, Kraft und Zusammenhalt. Aus diesen Worksongs - zusammen mit Spirituals und Gospels - entstanden später Blues und Jazz. Letztlich würde es die gesamte heutige musikalische Popkultur ohne diese Musikarten nicht gegeben. Auch R&B, Soul, Funk, Hiphop und Rap stammen von diesen African-American-Urgesängen ab.

Man weiß inzwischen auch, dass Singen oder auch Musizieren klüger macht. Dabei bilden sich im Gehirn neue neurologische Verbindungen. Wenn Du Dir nun überlegst, welches Potenzial unseren Stimmbändern innewohnt, dann haben wir noch alle Chancen, uns „genialzusingen". Dabei ist unerheblich, was oder wie perfekt wir singen.

---

1.   Karl Adamek (* 27. August 1952 in Kleve) ist ein deutscher Musiksoziologe und Mitgründer des Internationalen Netzwerkes zur Förderung der Alltagskultur des Singens e. V. Il canto del mondo.

Singen fördert die Gesundheit. Es macht glücklich. Glück wiederumfördert das Immunsystem. Außerdemmacht Singen stark, da es schier unmöglich ist, Angst zu spüren, wenn Du aus Überzeugung singst.

Singen im Chor hat ganz besondere Vorzüge: Während des Singens gleichen sich die Herzfrequenzen der Chorsänger an – ein klares Zeichen von Verbundenheit. Wenn Du mit anderen zusammen singst, fühlst Du Dich freier, Du wirst Teil des Ganzen und genießt das Zugehörigkeitsgefühl. Das hat mit Spaß zu tun, mit Frequenzen, Tonwellen und Vibrationen, mit neurologischen Phänomenen und Gehirnwellen.

Auch Du hast die Chance, Dein inneres Strahlen zu finden und in die Welt zu tragen. Das erleichtert Dir Dein Leben enorm und beschert Dir und Deiner Umgebung mehr Lebensfreude und Magie im Alltag. Die Menschen um Dich herum sonnen sich gerne in Deinem Licht.

„Unsere größte Angst ist es nicht, unzulänglich zu sein. Unsere größte Angst ist, grenzenlos mächtig zu sein. Unser Licht, nicht unsere Dunkelheit, ängstigt uns am meisten. Wir fragen uns: Wer bin ich denn, dass ich so brillant sein soll? Aber wer bist Du, es nicht zu sein? Du bist ein Kind Gottes. Es dient der Welt nicht, wenn Du Dich klein machst. Sich klein zu machen, nur damit sich andere um Dich rum nicht unsicher fühlen, hat nichts Erleuchtetes. [...] Und wenn wir unser Licht scheinen lassen, geben wir damit unbewusst anderen die Erlaubnis, es auch zu tun. Wenn wir von unserer Angst befreit sind, befreit unsere Gegenwart automatisch die anderen.“ [2]

2.   Nelson Mandela, aus „A Course In Miracles“.

Singing Out Loud: Die Liveshow

In meiner Motivationsshow „Singing Out Loud" erzähle ich Dir einiges über das Singen und das „Von-Innen-Heraus-Strahlen" – etwas, das uns die Natur in die Wiege gelegt hat und was einige von uns leider schnell verlernt haben. Meine Mission ist es, Dir zu zeigen, wie Du dieses innere Strahlen beim Singen spüren kannst. Wie du zusammen mit anderen singst. Du in einem Saal, zusammen mit anderen Menschen (einem Zufallschor), mit Musik und mir als Dirigentin und Leadsängerin auf der Bühne. Wir singen Kanons, machen Tön-Übungen, es wird „geblubbert"[3] und die Harmonie in der Gruppe gefunden. Du wirst feststellen, dass der Rhythmus dem Song ein Fundament gibt. Einige tolle Songs aus der Pop- und Rockgeschichte werden aus voller Brust gesungen – spontan und gemeinsam. Dabei ist unerheblich, ob jemand mal „schief" singt oder klingt wie ein Motorrad mit Startproblemen. Es geht ums Loslassen, Wegjodeln, Rausbrüllen und Mitgrölen. „Zusammen rocken wir das", ist mehr als nur ein Ausdruck.

Wir verlagern das Singen unter der Dusche in den Saal (ohne Dusche und bekleidet). Also, worauf wartest Du noch? Let's start the show! Singing out loud!

---

3. „Blubbern" ist eine Entspannungsübung für die Stimme. Diese Übung erläutere ich in Kapitel 4.

Teil 1

Sing Dich glücklich —

Warum singen glücklich macht.

Dein Auftritt

Da gehst Du rauf auf die Bühne. Mit jedem Schritt Richtung Mikrophon sagst Du Dir: Ob da zehn oder zehntausend Leute sitzen, jeder einzelne ist auch nur ein Mensch. Du stehst da oben und guckst Dir Dein ganzes Publikum an, als wäre es nur eine Person – ein riesiges Wesen mit vielen Augenpaaren. Das Wesen guckt zurück. Lass Dir etwas Zeit und atme tief durch. Denke nicht nach, ignoriere unangenehme innere Stimmen, die eventuell auftauchen.

Just BE! Sei in dem Moment, nur im Hier und Jetzt. Öffne Dein Herz. Strahle. Dein Publikum wird Dein Strahlen reflektieren und zurückstrahlen. Das ist Dein Moment. Genieße ihn!

Liebe und Singen lassen sich nicht erzwingen

Macht Singen wirklich glücklich? Meine Antwort ist: Ja. Beim Singen wird vom Körper ein regelrechter Glückscocktail produziert. Dieser beinhaltet Glückshormone wie Oxytocin (das Liebes- und Bindungshormon), Noradrenalin (ein Motivator, der positive Gefühle bewirkt und leistungsfähiger macht), Beta-Endorphin (ein körpereigenes Opiat, das glücklich macht, Schmerz lindern und unangenehme Empfindungen dämpfen kann) und den Botenstoff Serotonin (er vermittelt innere Ruhe, Zufriedenheit und Gelassenheit). Gleichzeitig wird der Testosteronspiegel (der für Aggression sorgen kann) im Blut niedriger. Es gibt Untersuchungen, die das Singen sogar als Lebensbewältigungsstrategie nachgewiesen haben[4]. Im Klartext bedeutet das: Singen kann als Mittel eingesetzt werden, um sich aufzuheitern und das Leben zu meistern. Singen ist gesund. Personen,die viel singen, sind in Bezug auf ihre Alltagsbewältigung im Vorteil[5]. Sie sind physisch gesünder als jene, die nicht regelmäßig singen. Singen macht glücklich und vergrößert die soziale Kompetenz. Für viele Chorsänger bedeutet ein gemeinsames Sounderlebnis Freude und Zugehörigkeit.

Es gibt natürlich Ausnahmen, wie so oft im Leben. Wichtige Schlüsselwörter für das Singen sind „freiwillig" und „Freude". Alles, was unter Zwang passiert, ist unangenehm und kann zur Qual werden. Das gilt für Beziehungen, in denen die Flamme erloschen ist und der Alltag die Freude killt. Es gilt ebenso für jede Art

---

4. Menschen, die unter schweren Depressionen leiden, fühlen sich oft nicht mehr mit der Welt verbunden. Sie verlieren unter Umständen das positive Körpergefühl und den „Kontakt" zu ihrem Atem. Diese Menschen haben dann häufig auch keine Kraft und keinen Atem, um singen zu können oder gar zu wollen.

5. Vgl. Karl Adamek – „Singen als Lebenshilfe". 4. Auflage, 2008, Seite 59-66. Positive Effekte des Singens, wie sie in subjektiven Berichten dargestellt werden, sind auch objektiv messbar. Dies zeigt sich in einem psychischen Leistungstest: Das Ergebnis ist eine höhere physische und psychische Leistung während des Singens/nach dem Singen.

von „verordnetem" Singen, vor allem, wenn es *„gegen den Willen der zum Singen Gedrängten stattfindet, kontraproduktiv wirkt und nachhaltig die Fähigkeit beeinträchtigt, Singen als Bewältigungsstrategie nutzen zu können"*[6]. Das „Ständchen-Singen" vor den Verwandten oder das Singen in der Schule wird von vielen als peinlicher, unangenehmer Zwang empfunden.

Tödlich für die Lust am Singen können auch noch so kleine Bemerkungen von Eltern, Freunden oder Bekannten sein, die bei zarten Seelen – achtlos dahingesagt – großen Schaden anrichten können: „Aus Dir wird auch kein Justin Bieber", „Deine Großmutter konnte auch keinen Ton halten" oder „Sei bitte mal leise, Du nervst". Auf manch eine spontane Gesangsaktion folgen dann Scham, Angst und Frust. Im Erwachsenenalter erinnert man sich oft gar nicht mehr an die Ursachen für seine Gesangsblockade. Aber tief im Unterbewusstsein vergraben, tyrannisieren sie unser Leben. Sie unterdrücken den Spaß am lockeren Musizieren mit der Stimme. In dem Fall kannst Du Dich nur Schritt für Schritt an Deine eigene Stimme gewöhnen. Unbeobachtet im Auto. Wenn Du alleine zu Hause bist. Oder im leeren Flur Deines Bürogebäudes nach Feierabend. Du kannst Dich ungezwungen wunderbar an Deinen eigenen Stimmsound herantasten[7].

Auch professionelle Sänger, die zu oft singen *müssen*, verlieren manchmal die Freude daran. Weil es ihr Job ist, sie einen Vertrag erfüllen müssen, sie Angst haben, dass es sonst ein anderer macht, die Miete bezahlt werden muss und so weiter. Das Musikbusiness ist kein leichtes. Es gibt eine Mordskonkurrenz und wer einmal Erfolg hat, erlebt oft hohen Arbeitsdruck. Wer zu

6.   Karl Adamek – „Singen als Lebenshilfe". 4. Auflage, 2008, Seite 205.
7.   Im dritten Teil dieses Buches beschreibe ich einige Methoden, die Dir dabei helfen, Dich mit Deinem eigenen Stimmklang vertraut zu machen.

viel Druck empfindet, wird müde, ist ausgepowert und verliert auch physisch und geistig die Lust am Singen. Ein müder Mensch überlastet sein Stimmorgan schnell. Er bekommt Stimmprobleme und verliert für den Moment die Fähigkeit, aus dem Singen Kraft zu schöpfen. Als ich noch in den Niederlanden lebte (ich war Mitte zwanzig), sang ich häufiger auf Hochzeiten. Dabei verdiente ich schnelles Geld und ging durch eine gute Schule. Manchmal sang ich vier Stunden – querbeet durch alle Stilrichtungen –, mit zwei kurzen Pausen. Der Saal tobte, das Brautpaar war glücklich.

Doch jede Woche aufs Neue in irgendeinem Saal in irgendeinem Dorf für irgendeine Hochzeitsgesellschaft irgendwelche Chart-Hits zu singen, war geistig und kreativ gesehen einfach „leer". Ich lernte zwar viel und wurde stimmlich stark. Denoch ging ich irgendwann am Stock. Ich ging weinend zu meinen Auftritten und kam weinend nach Hause. Ich fing an, gedanklich Wettbewerbe für das unvorteilhafteste Kleid an diesem Wochenende zu veranstalten und gab innerlich Noten für den hässlichsten Festsaal. Meine Aversion gegen das Fließbandgefühl, gegen den Verdacht eine austauschbare Gesangstöle zu sein, machte mich seelisch krank. Eines Tages verließ ich, eine Entschuldigung murmelnd und mich beim Publikum bedankend, die Bühne. Ich ließ ein paar verwunderte Kollegen zurück – doch sie fanden schnell eine neue Sängerin. Mir ging es schlagartig besser. Ich fühlte mich wieder als Mensch und das Singen war keine Qual mehr. Ich hatte meine Lieblingsbeschäftigung aus der Fließbandfalle gezogen. Das war die Rettung meines Sängerinnenglücks.

Dies ist einer der Gründe, weshalb ich Menschen häufig rate, ihr Gesangshobby lieber nicht zum Beruf zu machen: Weil oft aus Spaß psychischer Druck wird.

Sie lassen sich eben nicht erzwingen, die Liebe und die Freude am Singen.

Wellen

Atem

Luft

bringt

meine Stimmbänder

zum Schwingen

Ton und

Worte

In Wellen

schallen aus meinem Mund

Kurz lang

Kurz Stopp

Lang

Gesang

Ein Wunder

Aus Emotion und Klang

Katzen schnurren und Menschen summen

Was für Katzen das Schnurren ist, ist für Menschen das Summen. Die Schnurrtöne versetzen den gesamten Körper in Vibration.

Die Resonanz, die dadurch im Körper verursacht wird, ist heilend und beruhigend. Katzen drücken damit Wohlbefinden und Zufriedenheit, aber auch Hunger, Angst oder Schmerz aus[8]. Katzenmütter schnurren sogar während der Geburt ihrer Katzenbabys, um den Schmerz zu lindern. Während Hunde und Menschen bei Knochenbrüchen winseln, nutzen Katzen diese körpereigene Ultraschalltherapie. Und das angeblich in der richtigen Frequenz, denn ihre verletzten Knochen heilen schneller als bei anderen Tieren oder gar Menschen.[9]

Dieses Vibrieren im Kehlkopf setzt ebenso wie das Singen Glückshormone frei. Eine schnurrende Katze kann sich selbst, Artgenossen und Menschen beruhigen.

Ich selbst habe die wunderliche Angewohnheit zu summen, wenn ich zum Beispiel Schmerzen habe oder im Krankenhaus eine unangenehme Spritze bekomme. Dieses Summen ist ähnlich dem Tönen, das Frauen unter der Geburt nahegelegt wird.

---

8. Heidi Bernauer-Münz von der Tierärztlichen Vereinigung für Tierschutz im Artikel: „Macht glücklich und gesund: Warum Katzen schnurren. www.insuedthueringen.de/leben/tiere/dpa/tiere/berichte/art661172,5281977.
9. Artikel: „Schnurren auf heilenden Frequenzen" Der Grazer Mediziner Dr. Fritz Florian entwickelte ein Schnurr-Therapie-Gerät, das sowohl das Geräusch als auch die Vibration des Katzenschnurrens künstlich erzeugt. Das Gerät besteht aus einem Verstärker mit installierter Software und zwei sogenannten Schnurrkissen. Diese Kombination ermöglicht es, die Vibrationen des mit hochempfindlichen Mikrofonen aufgenommenen Katzenschnurrens über die Schnurrkissen an den Patienten weiterzugeben. Die Vibrationen sollen die Knochenbruchheilung verkürzen, die Knochenfestigkeit steigern und auch für Gelenke, Muskeln und Sehnen positive Effekte zeigen. Aber auch Patienten mit Asthma und Lungenerkrankungen kann das Schnurren helfen. www.medizin-und-technik.industrie.de/allgemein/schnurren-auf-heilenden-frequenzen.

Mit meinem Mini-Summkonzert habe ich schon viele Krankenschwestern zum Lachen gebracht. Irgendwann fiel mir auf, dass mich das Summen tatsächlich beruhigte. Vielleicht bin ich Catwoman?

Die wandelbaren Gene

Als meine Mutter mit mir schwanger war, trat sie mehrere Male als Sängerin in einem Musical auf. Leider ging die Produktion bankrott, aber das bewahrte sie immerhin vor einem ordinären Rausschmiss. In den ersten zwei Monaten der Schwangerschaft musste sie sich bereits Kommentare wie „Hey, Du da, Dritte von links, Du wirst ja immer fetter" anhören. Mein Vater war ebenfalls Sänger und sang eigentlich den ganzen Tag vor sich hin oder probte neue Songs mit seiner Gitarre. So bekam ich schon im Mutterbauch sehr viele vokale Schwingungen zu spüren. Die Mutter meines Vaters war leider schon verstorben, aber hatte in den Dreißigern beim Radio in Amsterdam gesungen. Damals hatten viele Radiosender ihre eigenen kleinen Orchester und Sänger im Studio. Das Singen wurde mir also förmlich in die Wiege gelegt. Auch meine eigene Tochter ist absolut musikalisch und hat eine sehr schöne Gesangsstimme. Als sie noch in meinem Bauch war, habe ich sehr viel gesungen – sowohl beruflich als auch nur für sie. Später, als sie ein Baby und Kleinkind war, komponierte ich Liedchen für sie. So hatte sie ein eigenes Wiegenlied, ein Lied über all ihre Verwandten und ein Lied, das ihre Kuscheltiere besang.

An der Stelle möchte ich eine wunderschöne Geschichte von einem ostafrikanischen Stamm vorstellen: Die Menschen in diesem Stamm glauben nämlich, dass der Tag der Zeugung eines Kindes dann gekommen ist, wenn die Mutter zum ersten Mal an ihr Kind denkt.[10] Wenn sie weiß, dass sie mit ihrem Mann ein Kind bekommen möchte, lauscht sie in sich hinein, bis sie das Lied ihres zukünftigen Kindes quasi hören kann. Dann singt sie es dem werdenden Vater vor. Während sie Liebe machen, singen

10. Wolfgang Bossinger - Heilende Kraft des Singens. 2. Auflage 2006, Traumzeit-Verlag, Seite 66.

sie gemeinsam dieses Lied und laden die vorbestimmte Seele ihres zukünftigen Kindes ein, mit einzustimmen. Die Mutter singt dasselbe Lied während der Schwangerschaft und lehrt es die Hebammen. Bei der Geburt singen diese es wiederum gemeinsam für das Baby, sodass es sich auf Erden willkommen fühlt. Später lernen die Dorfbewohner das Lied ebenfalls, um es dem Kind vorzusingen, wenn sie es z. B. beruhigen wollen. Es wird auch bei Festen und Ritualen eingebunden, wie ein rückkehrendes Thema. Das Lied erklingt zudem zum Abschied, wenn die Person irgendwann stirbt. Sie wird damit in die andere Welt geleitet. Der Begriff „Lebenslied" hat damit eine völlig neue Bedeutung bekommen.

Das Vererben von Musikalität ist nicht selbstverständlich. „Nur" 85 Prozent aller Kinder musikalischer Eltern sind ebenfalls musikalisch. Denn Kinder, die von musikalischen Eltern gefördert werden, scheinen sich selbstverständlicher ebenso zu entwickeln (Beispiel: die Familie Bach, Mozart usw.). Aus einem nicht-musikalischen Elternhaus sind 58 Prozent aller Kinder *trotzdem* musikalisch.[11]

Dazu auch ein interessanter Ausschnitt aus einem Artikel in den Salzburger Nachrichten:

„Jeder Mensch kann singen [...]. Ein musikalischer Mensch kann zumeist auch richtig singen, wenn er übt. [...] Allen Menschen aber ist gemein, dass ihr Gehirn auf Gesang und Musik sofort reagiert. Schon Aristoteles wusste es: Im Wesen der Musik liegt es, Freude zu machen. Aus Sicht der Neurowissenschaften kann die Diagnose des alten Griechen

---

11.   Musikpsychologe Prof. Dr. Günther Rütter in einem Live-Interview mit Klassik Radio digital, am 15.05.2018 zum Thema „Ist Musikalität vererbbar? www.klassikradio.de/programm/aktuelles/tag-der-famil.

*nur bestätigt werden: Es gibt im Gehirn angeborene
Strukturen für die Bearbeitung von Musik. Und man stellte
fest, dass Anlagen für Gehör und Sprache schon im Mutterleib
wesentlich ausgeprägt werden. Ungeborene nehmen den
Gesang ihrer Mutter deutlich wahr.*

*Musikalischer Hörgenuss sei mit einer Reihe von Emotionen
verbunden. Deshalb sei die musikalische Frühförderung
bei Kindern enorm wichtig. Dass Kinder sich früh mit Musik
beschäftigten, sei für ihr Wohlbefinden wichtig, aber auch für
die Entwicklung und Vernetzung des Gehirns. Es gebe auch
Studien mit älteren Menschen, die zeigten, dass Gesang für
ältere Menschen grundlegend gesund ist. Es verbessere nicht
nur ihre Stimmung, sondern auch Muskulatur und Atmung
Menschen, die Musik hören oder aktiv betreiben, beeinflussen
dadurch ihre Gene. Das zeigte ein finnisches Experiment
mit Schülern. Nach Musikgenuss waren bis zu 78 Gene
aktiver als zuvor, und zwar jene, die Lernen und kognitive
Leistungen fördern und die Ausschüttung und den Transport
des Glückshormons Dopamin anregen. Umgekehrt wurden
hirnschädigende Substanzen heruntergefahren [...]".*[12]

Die musikalischen Gene werden also nicht zwangsläufig
immer weitergegeben. Man kann sie aber tatsächlich während des
Lebens durch aktives Musikhören und Musizieren beeinflussen. Eine
tolle Perspektive. Nichts wie ran an die Gene!

12.　Quelle: © Salzburger Nachrichten VerlagsgesmbH & Co KG 2019, 23.05.2015. Artikel: „Der
Gesang liegt uns Menschen in den Genen". www.sn.at/panorama/wissen/der-gesang-liegt-
uns-menschen-in-den-genen-2459329.

Nur wenn ich singe

Was hilft immer

bei Kummer und Schmerz,

einem Stich in der Seele,

oh gebrochenes Herz?

Wenn keine Pille

oder Sonnenbrille

und kein Scherz

genug kaschiert

diese Dinge,

vergess' ich alles

nur wenn ich singe.

Flow

Wenn Du singst und das mit Deinem ganzen Wesen tust, dann kommst Du in einen Flow; in einen Seinszustand, der ganz im Hier und Jetzt ist.

Dein Kopf denkt nicht tausend verwirrende Gedanken, wenn Du einen schönen langen Ton singst oder versuchst, Tempo zu halten.

Es gibt keinen Platz für Analysen oder Sorgen. Du überlegst Dir nicht, ob Du heute noch kochen wirst oder lieber essen gehen möchtest. Du denkst nicht an die Steuer oder Deinen Chef.

Dein Gefühl wird bestimmt von den Klängen, die mittels Deiner Atmung, Deiner Stimmbänder, Deiner Brust, Deiner Nebenhöhlen und Deines ganzen Wesens hervorgebracht werden.

Die Klangwellen füllen Dich, Deine Gedanken und Deinen Körper mit Wohlbefinden. Du vibrierst mit jedem Ton von oben bis unten, bis in jede Zelle.

Es entsteht Freude, weil Singen ein natürlicher Vorgang ist. Dabei schießen Glückshormone durch Deine Blutbahn. Wo Freude ist, ist keine Angst. Wo Freude ist, ist Frieden. Wer im Einklang mit sich selbst ist, der ist auch eher im Einklang mit seiner Außenwelt.

Wo man singt, da lass Dich nieder.

Böse Menschen haben keine Lieder.

(Volksmund)

Traum (wahr geträumt)

Ein Theater,

wunderschön,

nicht groß oder klein,

aber fein.

Hunderte Zuschauer

starren auf sie,

in der Mitte der Bühne,

so rein.

Die Augen geschlossen,

ihre Haut wie Satin.

Es ist still,

wie in heiligen Hallen.

Nur durch sie strömt ein Fluss

aus Licht, Vibration.

Sie bringt diesen Lichtfluss zum Schallen.

Gewaltig der Ton,

so singsam und rund.

Ein vibrierender Moment.

Sie ist eins mit dem Klang.

Er erfüllt ihr Sein.

Dem Universum ein Instrument.

Gruppengesang, kein Gruppenzwang

Es gibt Menschen, die wollen (so sagt man das auf Niederländisch) immer „das vorderste Hähnchen" – haantje de voorste – sein. Sie wollen anderen den Rang ablaufen und drängen sich bei Konzerten nach vorn. Sie sind in der Kneipe die Lautesten und drängeln an der Kasse. Sie sind in der Lunchpause immer als erstes in der Kantine und schaffen es, im vollen Warteraum beim Arzt eine Vorzugsbehandlung zu bekommen, weil sie der Assistentin ein Kompliment machen. Man kann es ihnen nicht immer übelnehmen; oft sind es sehr überzeugende und manchmal sogar humorvolle Zeitgenossen. Viele sind sich ihres Handelns gar nicht bewusst. Sie agieren authentisch.

Ein Großteil dieser Typen aber wird überraschenderweise plötzlich ganz still, wenn es darum geht, beispielsweise vor Publikum zu präsentieren oder eine Rede zu halten. Sie bekommen nasse Hände, ihnen stockt der Atem, jeder Ton bleibt ihnen im Halse stecken. Was passiert? Sie werden sich plötzlich ihres Selbst bewusst. Sie beobachten sich selbst und denken: „Da sitzen ja hundert Leute vor mir! Die gucken mich alle an!" Die Spontaneität, die sie normalerweise lenkt, ist verschwunden. Keine Spur von Bravour. Kein Charme-Alarm. Der innere Kritiker dreht vielleicht seine Runden und macht böse Sprüche. Die Angst zu versagen, kommt auf. Ist man vielleicht doch nicht „der coolste Typ aus dem Büro"? Wird man den Erwartungen des Publikums gerecht?

Jeder Mensch hat mehrere Seiten, selten ist eine Person zu 100 Prozent konsequent in ihrer Präsentation des Selbst. Gerade in diesen Fällen ist es wunderbar, sogar heilsam, in einer Gruppe zu singen. Wenn Du in der Gruppe singst, wirst Du seltener beobachtet. Denk an die singenden Massen in Fußballstadien: Alle konzentrieren sich auf den Ball, keiner guckt auf Dich. Man spürt den Gruppengeist und geht im gemeinsamen Klingen auf. Und wie ich schon mehrere Male beschrieben habe: Es heitert Deinen Alltag auf, wenn Du mit Deinem eigenen Körper Musik machst; wenn Du Teil des Ganzen bist, Dich freisingst in einer Gruppe. Gruppengesang statt Gruppenzwang also.

Wundere Dich aber auch nicht, wenn dann gerade das Mauerblümchen aus der Klasse eine brennende Rede für die Umwelt hält. Oder wenn plötzlich „die Stille Kollegin" ein schallendes Gesangssolo hinlegt. Denke einmal an Greta Thunberg oder Susan Boyle. Surprise, surprise.

Was Singen mit Vögeln zu tun hat

Nicht nur die Nachtigall singt wunderschön. Drosseln, Rotkehlchen, Rohrsänger, Finken und Eulen – sie alle füllen den Wald und teilweise den Stadtraum mit ihren talentierten Klängen.

Mein Lieblingssänger unter den Vögeln ist die Amsel. Glockenklar klingen die Töne aus diesem Goldkehlchen.

Dieser blauschwarze Vogel verschönert jeden sommerlichen Tagesanfang mit seinen perlenden Melodien. Als ich noch in der Nähe von Wandlitz im Wald wohnte, lebte ein amtliches Amselpärchen auf dem Grundstück. Herr Amsel sang jeden Morgen bei Sonnenauf- und jeden Abend bei Sonnenuntergang.

Er hatte seine eigene Bühne: den stumpfen Ast, der sich in der Mitte eines Fichtenstamms auf unserem Grundstück befand. Irgendwann bin ich auf seine regelmäßigen Konzerte aufmerksam geworden. Ich habe, als ich gerade die Blumen goss, auch mal ein Gesangsbattle angefangen. Er antwortete auf mein Geträller und wartete höflich, bis ich meinen Satz zu Ende gejodelt oder gepfiffen hatte. Zumindest dachte ich, dass er höflich war. Bis ich einmal nachgelesen habe, warum Vögel singen. Es sind die Männchen, die inbrünstig ihr Herz ausjubeln, um ihr Revier zu verteidigen. Von seinem Ast aus hatte Herr Amsel den besten Überblick. Wenn es einmal einen Eindringling in seinem Revier gab, hat sich unser Amsel-Herr laut fiepend bemerkbar gemacht. Mit diesen Schnattertönen hat er den einen oder anderen Feind sogar vertrieben. Auch vor Krähen oder Eichelhähern machte er keinen Halt. Ein Revierkampf unter Vögeln wird also nur mittels der Stimme ausgefochten. Daran könnte die Menschheit sich einmal ein Beispiel nehmen.

Viel wichtiger aber ist die Stimme beim Erobern eines

Weibchens. Der Amselritter will sie mit seinen Gesangskünsten beeindrucken. Wenn es einen Konkurrenten gibt, der es auf dieselbe Dame abgesehen hat, fangen die Herren Amseln an, sich gesangstechnisch aneinander aufzureiben. „Ich kann höher als Du", wird dann beantwortet mit: „Hey, Du Vogel, ich kann höher als Du und dazu noch virtuoser." Höher, virtuoser, schneller, wendiger, gefühlvoller, melodiöser.

Bevor das Weibchen sich nicht eindeutig entschieden hat, wer der Sänger ihres Herzens ist, treiben sich die Sinatras des Waldes trillertechnisch immer voreinander her.

Im Londoner Hyde Park wurde festgestellt, dass die dort heimischen Vögel sogar die Klingeltöne damaliger Mobiltelefone imitierten. Sie hielten sie natürlich für Virtuositäten konkurrierender Sänger. So konnte man in London die perfektesten Motorola- und Nokia-Imitationen aus den Bäumen hören.

Von den Staren-Weibchen ist bekannt, dass sie die Star-Männchen mit den längsten Liedern favorisieren. Bonuspunkte gibt es für den Sänger, der dazu noch am häufigsten singt. Die gefederten Damen werden geradezu high, wenn sie ein außergewöhnlich langes und raffiniertes Staren-Lied hören. Untersucht wurde auch, dass die Star-Sänger mit den längsten Darbietungen den besten Gesundheitszustand haben. Die Partnerwahl der Ladies verläuft also letztendlich wie ein Gesundheitscheck: Wer gesünder ist, macht bessere Vogelbabys.

Kein Vogel hat Angst, untalentiert zu sein oder nicht den richtigen Ton zu treffen. Kein Vogel schert sich um die Charts oder den letzten Hype. Keine Vogelmutter meint: „Na, mein Junge, halt besser den Schnabel und lerne was Ordentliches." Aus voller Brust und mit dem größten Selbstverständnis der Welt geben sie ihr Bestes. Voller Urvertrauen und - ja! - Naturtalent. Und wenn die Herzensdame dann endgültig für sich eingenommen wurde: Dann wird auch gevögelt. Wer singt, hat eben Vorteile.

Und wie ist das bei den Menschen?

„Die Wissenschaft geht davon aus, dass Musikalität sogar schon in Zeiten der Neandertaler ein biologisches Signal war, und zwar ein Hinweis auf gute Gene. Denn wer gut singen konnte, der demonstrierte seiner Umgebung: Ich bin stark und gesund und kreativ. Singende Männer hatten also alles, was die Frauen sich wünschen konnten. Doch in der Moderne ist diese Verbindung zwischen Stimme und Überlebensvorteil verloren gegangen, zumindest in Deutschland." [13]

Männliche Rockstars werden häufig vom weiblichen Geschlecht sehr bewundert. Obwohl diese Herren in der Regel nicht sehr gesund leben. Komischerweise wird das von den Papagenas [14] der menschlichen Sorte geradezu als interessant empfunden – und es hält sie nicht davon ab, ihre Stars heftig zu umwerben.

---

13. Aus dem „Westfalenpost": Prof. Florian Ludwig in dem Artikel „Warum singende Männer in Chören eigentlich sexy sind" von Monika Willer, 12.05.2016: wp.de/staedte/hagen/warum-singende-maenner-in-choeren-eigentlich-sexy-sind-id11820252.html.
14. Papageno und Papagena sind zwei „Vogelmenschen" aus der Oper „Die Zauberflöte" von Mozart. Sie sind ineinander verliebt.

Die Waldbühne

Viele Menschen haben einen Albtraum: Vor zehn, 100 oder 1.000 Leuten auf einer Bühne zu stehen und etwas performen zu müssen. Geht es Dir auch so? Dann möchte ich Dir als Coach helfen.

Ich glaube, ich habe den Schlüssel gefunden, mit dem Du Deine Angst umkehren kannst. Du kannst sie in Freude und Kraft transformieren; in Selbstsicherheit und Authentizität. Wenn Du den Wunsch hegst, wirklich etwas ändern zu wollen, dann gibt es einen Weg.

Gerade in der Erfahrung, vor einem Publikum zu stehen und sich diesem voller Wohlwollen und Vertrauen zu ergeben, steckt das Rezept zum innerlichen Wachstum. Zu unglaublich schönen Mutproben. Insofern, aus einem inneren Bedürfnis heraus und mit positiver Absicht, wird Mut fast immer belohnt. Ich unterstütze Menschen dabei – mittels Coaching, meiner Erfahrungen und Wingwave (EMDR)[15]. Auch meine Ausbildung als Stimmtherapeutin hilft mir dabei, Atmungs- und Stimmblockaden zu lösen.

Meine ersten Auftritte absolvierte ich selbstverständlich vor einem kleineren Publikum - in Cafés, Clubs oder in kleineren Konzertsälen.

Doch schon auf einer Tour durch Russland habe ich – im Alter von 26 Jahren – meine ersten Erfahrungen mit verschiedenen

---

15.   Die Wingwave-Methode ist ein Leistungs- und Emotions-Coaching, das für den Coaching spürbar und schnell in wenigen Sitzungen zum Abbau von Leistungsstress und zur Steigerung von Kreativität, Mentalfitness und Konfliktstabilität führt. Erreicht wird dieser Ressourcen-Effekt durch eine einfach erscheinende Grundintervention: das Erzeugen von „wachen" REM-Phasen (Rapid Eye Movement), welche wir Menschen sonst nur im nächtlichen Traumschlaf durchlaufen. Dabei führt der Coach mit schnellen Handbewegungen den Blick seiner Coachees horizontal hin und her. Quelle: www.wingwave.com/ueber-wingwave/was-ist-wingwave.

Arenen, jeweils gefüllt mit ca. 25.000 Menschen, gemacht. Soweit ich mich erinnern kann, stand ich immer schon lieber auf der Bühne als in einem Menschenmeer.

Dennoch musste ich mich damals sehr an diese Menschenmassen vor mir gewöhnen. Aber ich entdeckte sehr schnell, dass ein Publikum den Performern meistens wohlgesonnen ist. Denn es ist schließlich mit der Absicht gekommen, eine gute Zeit zu haben.

Ich habe generell eine gesunde Portion Respekt davor, vor Menschen aufzutreten. Ob es nun zehn sind oder Tausende.

Aber Lampenfieber habe ich – zum Glück - äußerst selten. Am nervenzerreißendsten finde ich es, vor einem sehr kleinen und vertrauten Publikum zu singen. So wie beim sechsundneunzigsten Geburtstag meiner Großmutter, die eine Handvoll Verwandte eingeladen hatte. Aber ich kann einen Auftritt fast immer genießen.

Nun komme ich als Sängerin der Family Entertainment Band Rumpelstil jedes Jahr mehr als hundert Mal in den Genuss eines Auftrittes. Dazu gibt es noch die Konzerte, die ich mit meiner Band Blanchette gebe, sowie meine Motivationsshow „Singing Out Loud". Ich habe also viele Gelegenheiten, mich auszuprobieren und zu testen.

Seit 2006 spielen wir als Rumpelstil sogar einmal im Jahr, am zweiten Samstag im September, in der wunderschönen und legendären Waldbühne in Berlin – mit der eigenen Hausmarke, dem Taschenlampenkonzert. Dieses Konzert feierte im Jahr 1999 mit einigen hundert Zuschauern in der Freilichtbühne Weißensee in Berlin Premiere. Irgendwann wagten wir den Sprung in die Waldbühne, wo sich das Konzert zu einem Berliner Traditionsevent entwickelte.

Auf dieser Waldbühne standen schon die Rolling Stones, Barbara Streisand, die Philharmoniker, Anna Netrebko, Seeed und so weiter und so fort. Es versteht sich von selbst, dass wir uns sehr geehrt, glücklich und voller Ehrfurcht fühlen, dort jährlich auftreten zu dürfen. Aber auch wir sind mit unserer Aufgabe gewachsen. Am Anfang habe ich mich einfach „reingeschmissen" in das Abenteuer und auf meine langjährigen Erfahrungen vertraut. Damals war ich manchmal sehr nervös und hatte zitternde Hände und Stimmbänder. Doch ziemlich bald spürte ich, dass ich mich auch baden kann in der Kraft von 20.000 Zuschauern. Ich gebe meine volle Strahlkraft, dann öffnet sich irgendwann die Stimme und schließlich folgt das Herz. Ich bin voller Hingabe und doch beherrscht. Plötzlich spürt man, wie die Energien hin- und herschwappen. Dann kommt vom Publikum plötzlich ein Schwall zurück. So entsteht eine Art Wellenbewegung – wie beim Meer. Und obwohl das Publikum das Meer ist und ich der Strand bin, formen wir irgendwann eine energetische Einheit.

Jedes Jahr, kurz bevor ich auf die Bühne stürme, sage ich mir: „Gib alles, genieß es, lass Dich tragen!" So füllt sich mein Geist mit positiver Energie. Ich atme tief durch, entspanne mich allmählich und meine Stimme reagiert darauf mit vollem Einsatz und Klang. Doch der Höhepunkt ist dann erreicht, wenn die gesamte Waldbühne unsere Lieder mitsingt. Das ist eine unbeschreibliche Erfahrung. Wie von einem Riesenorgan gesungen, schallen die Melodien durch dieses wunderschöne, riesige Amphitheater. Wenn ich vorn auf dem Laufsteg der Bühne stehe und meinen Lieblingssong „Tansania" singe, bin ich jedes Mal tief gerührt von dieser Stimmgewalt. Der Ausspruch „Ein Volk, eine Kehle" trifft dann absolut zu. Passend dazu folgt dann unser Hit „Max in Mexiko" („Ich will ans Meer. Mehr will ich nicht!"). Den singt jeder Einzelne mit, bis hin zu den Security-Kräften und Notärzten. Gänsehaut pur. Nach dem Konzert gehen alle beglückt nach Hause. Es sind vor allem die tollen Songs, die Show, wir Musiker, die Tausenden Lichter und das (fast immer!) herrliche Wetter, die dafür sorgen. Aber die Menschen sind vor allem euphorisch, weil sie sich von uns dazu haben verführen lassen, selbst zu singen. Alle zusammen. Aus 20.000 Kehlen und Herzen. Und das macht glücklich.

Muss es denn schön klingen?

Auch wenn die vorige Geschichte von den 20.000 Sängern in der Waldbühne noch so wahr ist, ist es doch auch so, dass in unserer Kultur Singen von manchen als „uncool" wahrgenommen wird. Manche empfinden es außerdem als „nicht männlich" oder „etwas für Weicheier".

„Singende Männer empfinden sich selbst nicht mehr als attraktiv. Warum, das weiß man nicht. Es sind ja nicht nur die Männerchöre, die aussterben. Auch in gemischten Chören und Gospel-Ensembles zum Beispiel sind die Soprane und Alte meist deutlich in der Überzahl. Das Singen wird zunehmend zur Frauensache. Sogar die letzte Bastion des männlichen Sangesstolzes haben die Damen inzwischen erobert: den Tenor. In dieser Stimmgruppe singen jetzt immer häufiger Tenorinnen mit." Und: *„Es gibt auch einen Erfolgsdruck, dem Männer immer noch ausgesetzt sind. Demzufolge glaubt man, dass nur Weicheier im Chor singen. Dadurch ist für viele Männer das Chorsingen heute negativ belegt."*[16]

Wie würdest Du reagieren, wenn ich Dich fragte, ob Du auch mal was „croonen"[17], tönen, trällern oder summen könntest?

Ich kenne einige Menschen, die es als bedrohlich empfinden, wenn man sie bittet, zu singen. Sie machen den Eindruck, von dem Gedanken peinlich berührt zu sein; strahlen aus, verstört zu sein. Als hätte ich sie gerade gefragt, wie oft in der Woche sie denn zu viel Alkohol trinken würden. Letztens noch

16.   Aus dem „Westfalenpost": Prof. Florian Ludwig in dem Artikel „Warum singende Männer in Chören eigentlich sexy sind" von Monika Willer, 12.05.2016, www.wp.de/staedte/hagen/warum-singende-maenner-in-choeren-eigentlich-sexy-sind-id11820252.html

17.   „Croonen" ist ein weicher, schmachtender und meistens „schmalziger" Gesang. Der Begriff stammt aus der amerikanischen Musikkultur der Fünfziger Jahren. Beispiele: Nat King Cole, Bing Crosby.

versicherte mir eine Freundin, dass sie „nie, niemals" singen wollen würde. Und schon gar nicht in einem Saal voller Menschen. Dabei nahm sie eine deutliche Abwehrhaltung ein. Ich war ein wenig erschrocken.

Was steckt dahinter? Was das „Unmännliche" anbelangt, kann ich nur sagen: Sogar in der sehr männlichen Armee wurde (und wird) häufig gesungen. An den „Call and Respond"-Song aus dem Film „An Officer and a Gentleman" mit Richard Gere wird sich manch einer erinnern können. Dabei singt der Offizier eine Zeile vor und die Soldaten singen als Antwort die Wiederholung des Vorgesungenen. Im Prinzip bleibt die Melodie oft die gleiche, aber die (motivierenden) Zeilen wechseln. Auch Arbeiter auf dem Feld und in Fabriken oder italienische Bauarbeiter auf den Gerüsten in der Stadt singen des Öfteren ein Ständchen. Seefahrende, Fußballfans, Cowboys und Indianer: Sie sind allesamt großartige und sehr männliche Sänger. Der Begriff „maskulin" kann natürlich sehr subjektiv ausgelegt werden. Ich betrachte den Grund, Singen als „nicht männlich" zu empfinden, mal ganz freundlich als Ausrede oder Vertuschung anderer Emotionen, wie zum Beispiel Unsicherheit. Die Panik vor der eigenen Stimme oder davor, nicht „schön" zu singen, wird später auch eine Rolle spielen.

Übrigens, um den Bogen zurück zu spannen: Unserem Kirchenchor wollte ich nicht beitreten, weil ich es „uncool" fand. Die Mitglieder fanden ihren Chor natürlich supercool. Heute denke ich, dass ich allerdings vielleicht nicht cool genug war, ihm beizutreten. Dennoch: Es ist nicht alles Kirchenchor, was singt!

In Deutschland singt kaum ein Mensch auf der Straße. Das fiel mir besonders auf, als ich gerade nach Berlin gezogen war. Sogar auf Geburtstagsfeiern kostet es die meisten immer etwas Überwindung, ein Lied anzustimmen, um dem Geburtstagskind zuzujubeln. Ich erfuhr bei einigen „Küchengesprächen", dass es die Hypothese gibt, eine kollektive Scham aus der politischen Vergangenheit der Deutschen würde Hemmungen verursachen, wenn es ums Singen geht. Die Nationalsozialisten haben ja zu ihrer Zeit das gemeinsame Singen ideologisch für Propagandazwecke missbraucht. Das hat wohl das unbeschwerte Singen mit einer Hemmschwelle versehen.

Von befreundeten Musikern erfuhr ich zum Beispiel, dass in den 1960igern und 1970ern das Singen und der Musikunterricht fast oder ganz aus dem Stundenplan verschwunden waren. Der Gesang als Volkskultur ist also in Deutschland keine gesellschaftliche Stärke mehr.

Was also, wenn Du keine Erfahrung hast mit dem Einsatz der eigenen Stimme und dem eigenen Stimmsound? Wenn Du vielleicht sogar unschöne oder traumatische Erfahrungen gemacht hast? Oder blöde Kommentare von Familienmitgliedern oder Bekannten einstecken musstest? Bemerkungen wie „Sing du mal lieber nicht mit" oder „Du singst nicht sehr sauber" sind in der Regel nicht böse gemeint. Solche Aussagen unaufmerksamer Eltern, Lehrer oder Mitschüler können allerdings den Grundstein für lang bestehende Minderwertigkeitsgefühle oder Ängste legen.

Es ist verständlich, dass Du Dir in dem Fall nicht vorstellen kannst, mehr als nur Sprechtext von Dir zu geben. Die Stimme ist ja, ebenso wie Deine Augen, ein Spiegel Deiner Seele. Kein Wunder, dass Du Dich, was Deine Stimme betrifft, besonders verletzlich fühlst.

Diese Ängste werden von sogenannten „versteckten" Glaubenssätzen verursacht. Du glaubst vielleicht wirklich, dass Deine Stimme unschön klingt, dass Du keinen Ton triffst oder dass keiner Dich singen hören möchte. Du hast Dich ja damals so bloßgestellt gefühlt. Das hat wehgetan! Jetzt versuchst Du, Situationen, in denen Du wieder verletzt werden könntest, zu vermeiden!

Negative Glaubenssätze helfen Dir aber nicht. Sie sind gespeichert in Deinem Unterbewusstsein und werden in den unmöglichsten Momenten abgespult. Sie blockieren Dich. Immer genau dann, wenn Du „Stimme" zeigen sollst. Das kann so weit gehen, dass auch Deine Sprechstimme immer etwas leiser klingt. Auch dann, wenn Du sie eigentlich gerade lauter einsetzen möchtest.

Diese Blockade kommt in den „besten Familien" vor, ungeachtet von Geschlecht, Herkunft oder Beruf. CEOs großer Firmen spüren sie – genauso wie die Person vor dir an der Supermarktkasse.

Was passiert? Du hörst, gerade wenn es darauf ankommt, eine Stimme im Kopf, die Dir mahnend zuspricht: „Halt bloß den Mund!" oder „Du klingst unmöglich, sei still". *Diese* Stimme ist *nicht Deine*!

Es sind die gesammelten, zusammengefügten Stimmen all jener Personen, die Dich in der Vergangenheit kritisiert haben. Die Angst vor Verletzung – durch Kritik – dickt den Schutzschild an. Sie wird zu einer Stimm-Mauer. Was macht diese Mauer in *Deinem* Kopf?

Der erste Schritt Richtung Besserung: Sei aufmerksam. Jedes Mal, wenn sich dieser negative Gedanken aufdrängt, sagst Du Dir: „Hallo, Du lästige Stimme. Du bist unerwünscht. Ich habe Dich im Visier. Raus mit Dir!"

Zweitens ist es wichtig, Dir die Bedeutung Deiner Stimme

klarzumachen. Es gibt einen schönen Aphorismus: „Erzähle mir eine Geschichte."

„Was möchtest Du hören?"

„Deine Stimme."

Deine Sing- sowie Deine Sprechstimme sagen viel über Dich aus. Sie formen einen bedeutenden Teil von Dir. Sie gehören zu Deiner Persönlichkeit und Ausdruckskraft. Wenn Du Dich Deiner Stimme gegenüber taub stellst, kann das gravierende Folgen haben. Es ist auch deswegen ratsam, Dich mit diesem Organ zu beschäftigen und ein Gefühl dafür zu bekommen.

Wie klingst Du, wenn Du entspannt bist? Was verändert sich in Stimmgefühl und Ton, wenn Du gestresst bist? Deine Stimme ist immer auch mit Deiner Stimmung verbunden.

Schenk Deinem vokalen Instrument Aufmerksamkeit und Zuwendung. So sorgst Du auch für Dich als ganzheitliche Person.

Nutze die Möglichkeit, Deine stimmliche Vielseitigkeit „auszupacken und aufzupolieren".

Im dritten Teil dieses Buches beschreibe ich einige Übungen. Damit kannst Du anfangen, Dich in geschützter Umgebung mit Deiner Stimme vertraut zu machen. Wenn Du merkst, dass die Zeit reif ist, könntest Du Dich sogar vor einer Gruppe von Menschen, die Dich nicht be- oder verurteilen, ausprobieren.

Es gibt aber auch Menschen, die ihre Emotionen oder ihren Frust erfolgreich geradezu rausbrüllen – ohne dabei auch nur an Schönheit oder Ästhetik zu denken. Darunter zu verstehen ist „lautes und bewusst schiefes Mitsingen oder Grölen, meist zu Platte oder Radio, besonders bei überschießenden negativen Gefühlen wie Wut oder Aggression [...], lautes Singen, besonders bei überschießenden positiven Gefühlen wie Freude, Tatendrang, aber auch bei körperlichen und seelischen Schmerzen ...".[18]

Dieses „Freisingen" ist ein großartiger Weg, Emotionen zu verarbeiten.

Ob noch unentdeckte Talente, Mauerblümchen, Singmuffel, musikalisch Fremdelnde, Fußballfans – ich lade alle ein, meine Show „Singing Out Loud" zu buchen. Vergiss die Vorbehalte, lass Dich gehen. Du wirst sehen: Die Welt vergeht nicht, sie wird eher ein bisschen schöner, wenn Du Dich einfach nur traust. Es kommt nicht auf das Ergebnis an. Das gute Gefühl hingegen, Deiner Stimme einmal Freiraum zu geben, ist unbezahlbar.

Just be proud, singing out loud!

---

18   Karl Adamek – „Singen als Lebenshilfe". 4. Auflage, 2008, Seite 86.

Teil 2

Singend durchs Leben

Autobiographische Anekdoten oder:

Was ich vom Singen gelernt habe

Meine ersten Schritte auf der Bühne

Alles begann, als ich ganz klein war. An einem frühlingshaften Sonntagnachmittag besuchten meine Mutter, meine Schwester und ich einen Auftritt meines Vaters. Er war Sänger und Kontrabassist. An dem Tag sang er in einem großen Café Chantant.

Mein Vater war in der Zeit als Musiker viel unterwegs. Er tourte manchmal bis zu einem halben Jahr durch die Niederlande, Deutschland und Schweden. Das fand ich als kleine Tochter überhaupt nicht gut. Ich vermisste ihn oft sehr. So auch an einem Sonntag Ende der sechziger Jahre. Als wir in das wunderschöne Grand Café hineinspazierten, sah ich nur einen: meinen Papi. Ich ließ die Hand meiner Mutter los und rannte quer durch den Raum. Ich stolperte über meine eigenen Beinchen, rannte weiter und kroch unter Tische hindurch. Bevor mich auch nur jemand daran hindern konnte, war ich auf die Bühne geklettert und rief selig: „Papa!" Zwei starke Arme hoben mich hoch und ich verschwand in einer herrlichen Umarmung. In dem Moment wurde es ganz still im Saal. Die Band wiederholte leise immer wieder die zwei gleichen Harmonien, um meinem Vater etwas Zeit zu geben. Er fing an, im Takt ein Lied zu singen, welches er zu Hause immer mit mir sang. Ich stieg sofort ein und sang voller Inbrunst mit. Mein Papa und ich, wir waren ein unschlagbares Duo!

Als ich dann nach einer Strophe in seine bernsteinfarbenen Augen strahlte, flüsterte er: „Guck mal, hinter Dir ..." Ich drehte mich um und blickte in einen Saal voller entzückter Gesichter. Wo kamen all diese Menschen plötzlich her? Ich strahlte sie an, lachte – und da war er: tosender Applaus. Die Leute waren so gerührt, dass sie aufstanden, johlten und pfiffen. Es war, als ob ich zehn Meter in die Luft gehoben wurde. Mein ganzer Körper kribbelte vor Glück.

Da wusste ich: Davon will ich mehr! Das will ich auch!

Mit knapp drei Jahren war mir etwas klar geworden: Ich konnte auf der Bühne stehen und eine Verbindung zu den Menschen herstellen, die vor mir saßen. Ich konnte sie anstrahlen, ein Liedchen für sie singen und sie damit glücklich machen. Dafür bekam ich sehr viel Zuneigung zurück. Ich war wie der junge Obelix, der in den Topf mit dem Zaubertrank gefallen war. Dieses Ereignis würde den Rest meines Lebens beeinflussen.

Sängerin? Bin ich schon!

Im Kindergarten wurde ich zum ersten Mal gefragt, was ich denn später werden wolle. Die meisten Kinder antworteten auf diese Frage Krankenschwester, Feuerwehrmann oder Polizist. Ich sagte ganz einfach: „Sängerin. Will ich nicht werden. Bin ich ja schon!"

Die Kindergärtnerin erzählte es kichernd meiner Mutter, als die mich abholte. Sie fand das „ganz niedlich". Ich beobachtete die Szene und warf meiner Mutter einen verschwörerischen Blick zu.

Ich glaube nicht, dass ich Sängerin als Beruf empfand. Sängerin zu sein, war mein Wesen. Ich war sozusagen als solche geboren. Meine Großmutter war ja Sängerin gewesen, mein Vater war Sänger, meine Mutter war Sängerin, ich war es auch. Selbstverständlich! Während ich das so aufschreibe, finde ich mein kleines Ich eigentlich ganz schön niedlich. Ups.

Kinderchor

Später, mit ungefähr neun Jahren, landete ich im Kinderchor der lokalen Musikschule. Ich hatte einen riesigen Spaß bei unseren Auftritten in Altersheimen oder bei Mittagskonzerten. Das Gefühl, Teil eines großen Gesangsorgans zu sein, war eine völlig neue Entdeckung. Ich hatte in unserer Familienband schon gelernt, mehrstimmig zu singen. Mein Vater sang mit uns hauptsächlich Country oder Musical Songs. Er spielte Gitarre als Begleitung. Im Chor kamen aber Schubert und Mozart auf das Gesangsmenü. Wir sangen nicht auf Englisch, sondern auf Deutsch. Das kannte ich so nicht. Und wir sangen vom Blatt. Wir hatten immer Noten vor der Nase. „Halte Deine Stimme!", rief der Chordozent. Er war ziemlich streng, aber auch freundlich. Seine Methoden waren eher konservativ und würden in der heutigen Zeit vielleicht als „nicht pädagogisch wertvoll" bezeichnet werden. Aber er hat uns Disziplin gelehrt und die Kunst des gemeinsamen Singens. Von ihm erhielt ich auch meine ersten Gesangsstunden. Er drückte mir beim Singen „fachmännisch" den Unterkiefer runter. Ich sollte dabei meine Oberlippe nach innen ziehen, über meine Zähne sozusagen. Es hat meine spätere Gesangslehrerin Monate gekostet, mich von diesem auferlegten Kieferkrampf mitsamt festgefahrener Stimme zu befreien. Der Chordozent brachte mir aber auch die Bauch- und Rückenatmung bei. Ja, man atmet auch in den Rücken hinein! Und von ihm habe ich auch diesen starken Rat bekommen: Hab ein Ohr für den Chor und ein Ohr für Dich.

Eines Tages bewarb ich mich für eine Hauptrolle in Mozarts Kinderoper „Bastien et Bastienne". Mozart schrieb diese „Operetta," eine Liebesgeschichte, als er zwölf Jahre alt war. Es sollte eine echte Produktion mit unserem Kinderchor werden, unter Begleitung des Musikschulorchesters. Ich bekam leider nicht die ersehnte Rolle von Bastienne. Ich war bereits viel zu groß (mit zwölf Jahren schon 1,75 m) und meine Stimme war schon im Wandel (auch Mädchen haben eine Art Stimmbruch, nur viel unauffälliger als Jungs). Also bekam ich die einzig übrig gebliebene Hauptrolle: die des Zauberers Colas. Mir war bewusst, dass ich keine andere Wahl hatte, wenn ich in dem Stück mitspielen wollte. Also ließ ich es über mich ergehen. Ich bekam ein Bärtchen angeklebt und eine Perücke aufgesetzt. Egal. Ich würde auch als Mann verkleidet die Bühne stürmen. Drei Abende hatten wir im lokalen Theater volle Säle. Ich durfte sogar ein Radiointerview geben. Von da an hatte mich die Bühnensucht gepackt. Als die letzte Vorstellung vorbei war, war ich untröstlich. Ich ging danach aufs Gymnasium. Meine Zeit im Kinderchor war vorbei. Jetzt wurde Latein gelernt. Ich sah eine endlose Gesangs-Durststrecke vor mir...

Der schulische Kirchenchor

Doch ich entschied, das Beste daraus zu machen. Jetzt würde ich immerhin viele Sprachen lernen, sogar Latein und Alt-Griechisch – und am liebsten nicht so viel Mathe. Vielleicht würde es sogar einen Chor geben, in den ich eintreten konnte. Voller Neugierde überquerte ich mit sehr vielen anderen Jugendlichen zum ersten Mal den riesigen Schulhof. Ich fand meinen Weg durch den Haupteingang, stieg die breite Treppe hinauf und ... Sah ich richtig? Am Ende der Treppenstufen begrüßte uns der heitere Rektor in brauner Mönchskutte. Mit viel Schwung schwang er die weiße Gürtelschnur. Fröhlich rief er: „Guten Morgen!" Es war, als ob ich in eine andere Welt eintrat.

Unsere kleinstädtische Schule in der Nähe von Maastricht war eine traditionelle Franziskaner-Institution. Das Schulgebäude lag direkt neben dem Franziskaner-Kloster und wir hatten eine eigene Messekapelle. Die Pater dieser Orden waren bekannt für ihr Engagement und ihre hochwertigen Lehrmethoden. Ich hatte eine großartige Schulzeit und auch die Lehrer, die keine Franziskaner waren, waren sehr engagiert und gut. Aber über Allem lag eine ziemlich dicke, für mich zu schwere katholische Decke. Auch über dem einzigen Schulchor (es gab tatsächlich einen): dem Kirchenchor.

Jeder Schultag begann mit zwei Gebeten auf Latein. Meine Eltern waren in der Zeit beide (noch) katholisch. Mein Papa aus Leidenschaft, meine Mama stand schon mit einem Fuß außerhalb der Kirche. Als kleines Kind war ich von Natur aus sehr fromm und ich fühlte mich neben meinem Vater auf der Kirchenbank gut aufgehoben. Es roch so schön nach Weihrauch und ich döste während der Predigten in Papas Arm. Als er als Sänger aber nicht mehr so viel unterwegs war, wurde die Kirchenbank seine Bühne. Er brachte mich in Verlegenheit, wenn er die Kirchenlieder durch das Kirchenschiff schmetterte, als wäre er Luciano Pavarotti persönlich. Seine Stimme war ausgebildet und warm. Aber musste er damit so auffallen? Jeder in der Kirche drehte sich um und starrte uns an. Unsere Zweisamkeit war damit beendet. Bestimmt waren sehr viele Damen der Gemeinde heimlich in meinen Vater verliebt. Nach der Messe kamen sie wie Teenies auf ihn zu und hauchten ihm ihre Bewunderung entgegen. Mir war das sehr unangenehm. Ich stellte mich düster guckend vor ihn. Vor allem, da meine Mutter inzwischen nicht mehr mit in die Kirche ging. Vielleicht bekam meine Frommheit in den Momenten ihre ersten Risse. Klar ist: Trotz vieler schmeichelnder Anfragen, bekam mich der schulische Kirchenchor nie in seine Finger.

Eine Lösung musste her. Ich lernte Klavier und Gitarre; begann, meine ersten Lieder zu schreiben und wurde eine kleine Janis Ian.

Sein Segen

Als ich im Alter von vierzehn Jahren vier Gitarrenakkorde beherrschte, fing ich an, meine ersten Songs zu komponieren. Ich belohnte mich sozusagen für jede anderthalb Stunden Hausaufgaben mit einer Viertelstunde singen und Gitarre spielen. Das hob meine Stimmung ungemein. Ich hatte den Dachboden unseres Hauses zu meinem Schloss gemacht und konnte lärmen, so viel ich wollte. Meine ersten LPs (Earth, Wind and Fire, Fleetwood Mac, Genesis, Abba, Supertramp und Gruppo Sportivo (die Band, mit der ich acht Jahre später auf Tour ging!) schallten hier regelmäßig durch den Raum.

Meine absoluten Gesangsvorbilder waren Julie Andrews (Sound of Music), die Sängerinnen von Abba und Stevie Nicks von Fleetwood Mac. Man sagte mir, ich sähe ihr sogar ein wenig ähnlich. Das machte mich unendlich stolz. Ich fand außerdem die Songs „Don't Cry For Me, Argentina", „I don't know how to love him" und „Jesus Christ Superstar" aus den berühmten Andrew-Lloyd-Webber-Musicals traumhaft schön. Ich textete poetische kleine Lieder über mein erstes Verliebtsein und über meine Wahrnehmung der Welt. Und ich träumte von einer Gesangskarriere.

Mein Vater, der inzwischen Herzpatient war und nicht mehr arbeiten konnte, verfolgte meine musikalische Leidenschaft mit einem Runzeln auf der Stirn. Einerseits wollte er nichts lieber, als dass ich Anwalt (meine Mutter kam aus einer Juristen-Familie) oder etwas anderes „Vernünftiges" werden würde. Andererseits wusste keiner so gut wie er, dass ich am glücklichsten war, wenn ich vertieft in die Musik war. Wenn ich etwas kreieren und singen konnte. Er hatte es mir vorgelebt. Mit sechzehn konnte ich immerhin schon ein schönes kleines Repertoire eigener Songs vorweisen. Damit trat ich in Cafés, bei Bibliothekseröffnungen und in unserer Schule auf. In selbstgenähten bunten Kleidern aus von mir eigens gefärbten alten Bettlaken. Mit Blumen im Haar. In der Schulaula sang ich vor fünfhundert Schülern und Lehrern. Noch im gleichen Jahr gründete ich mit ein paar Freunden meine erste Band: Die Roadies. Zwei der Instrumentalisten sind bis heute Berufsmusiker.

Dass es meinem Vater immer schlechter ging und wir wussten, dass er bald nicht mehr da sein würde, habe ich nur durchgestanden, weil ich meine Musik hatte. Mit nur siebenundfünfzig Jahren, an einem wunderschönen Frühlingstag in Mai, starb er. Ich war gerade siebzehn.

Aus Liebe tat ich das Einzige, was in meinen Augen natürlich und sinnvoll war. Es war einer der schwersten Auftritte, die ich je hatte, aber ich bin bis heute dankbar, dass ich es gemacht habe: Ich sang bei seiner Beerdigung. Für ihn, für meine Mama, für meine Schwester und für mich. Die Kirche war voll bis unters Dach. Und ich spürte, dass er neben mir stand und stolz war. Ich hatte seinen Segen endlich bekommen.

Der Sommer von Janis und Janis

In dem Sommer danach war unser „Dreimäderlhaus"[19] gefüllt mit – für uns – neuer Musik.

Meine Mutter, meine Schwester und ich hatten beschlossen, das Leben zu feiern und unserer Trauer eine große Dosis Euphorie entgegenzusetzen. Wir waren himmelhochjauchzend und doch zu Tode betrübt – und wieder zurück. In diesem Sommer durchlebten wir eine Achterbahn der Gefühle. Wir trauerten manchmal zusammen, dann wieder erzählten wir uns kichernd Geschichten über meinen Vater. Er hatte von den Niederlanden bis Schweden, von Marokko bis Amerika gesungen. Seine Abenteuer wurden immer schöner, je öfter wir sie uns gegenseitig erzählten. Wir lachten viel, manchmal fast hysterisch. Dann wieder mit Tränen in den Augen. In der Zeit hatten wir zwei Lieblings-LPs. Die Sängerinnen unserer Herzen waren Janis Ian für die zarten Momente, und Janis Joplin für die wilden. Janis Ian spielte Gitarre und sang eigene Songs. Ihre weiche, fast samtige Stimme umrandete manch lauen Sommerabend und lullte mich oft in den Schlaf.

Mit Joplin haben wir uns heilgesungen, geschrien, gejohlt. Ich weiß nicht, was die Nachbarn in der Zeit gedacht haben. Aber sie haben sich nie beschwert. „Bobbie McGee" hat uns metaphorisch das Leben gerettet.

Der Sommer war legendär und heiß. Alle Fenster auf, Janis an, raus mit dem Schmerz. Vor ein paar Jahren erst (2013) habe ich über Miss Joplin ein Lied geschrieben, als Dank für ihre musikalische „Freundschaft" von damals: „Janis Is My Friend".

---

19. Das war der Titel der Operette von Franz Schubert, in welcher Produktion mein Vater und meine Mutter sich beruflich und privat kennengelernt hatten.

Wir spielten es 2013 bei unserem Taschenlampenkonzert in der Waldbühne. Und diesmal war es, als stünde sie neben mir und würde mir mit ihrer verruchten, kratzigen Stimme kreischend in mein Ohr lachen.

Janis Is My friend

Es gibt Tage ohne Sonne,

ohne Kribbeln im Bauch,

ganze Wochen mit 'nem ungünstigen Energieverbrauch.

Wo ich gebe, mache, tue

und kein bisschen mich beklag,

aber wie halt ich das aus?

Ich schieb meine Lieblingsplatte aus dem Cover raus.

Janis singt, wenn ich sie frag'

und sie rettet mir den Tag.

Bringt mir Bobby, ich mein' McGee.

Hey, langweilig klingt sie nie.

Sie lässt die Sonne scheinen,

es gibt nichts mehr zu weinen.

I think she'd understand

because Janis is my friend.

Wenn der Frühling sich versteckt,

ich den Schnee nicht mehr vertrag',

trotz humoristischer Hilfe die Fröhlichkeit versagt.

Wenn es nicht klappt mit der Liebe,

alles fremd, nichts vertraut.

Dann brauch' ich diese Stimme.

Die Stimme, die mich langsam immer wieder auftaut.

Janis singt, wenn ich sie frag'

und sie rettet mir den Tag.

Schickt 'nen Mercedes, ich mein' den Benz,

poliert meine ganze Existenz.

Sie lässt die Sonne scheinen,

es gibt nichts mehr zu weinen.

I think she'd understand

because Janis is my friend.

Sie hat die Stimme, die mich weckt,

mich mit Hippie-Schmuck bedeckt.

Und mein Herz fängt an zu tanzen,

wo es vorher angeeckt.

Ja, ich groove, singe mit, tauche ein und brenne los.

Janis schafft das, ja sie schafft das ...

Mühelos.

Janis singt, wenn ich sie frag'

und sie rettet mir den Tag.

Bringt mir Bobby, ich mein' McGee.

Hey, langweilig klingt sie nie.

Sie lässt die Sonne scheinen,

es gibt nichts mehr zu weinen

I think she'd understand

'cause Janis is my friend.

Oh Lord ... buy me a Mercedes Benz.

Oh Lord, Bobby McGee.

Freedom's just another word for nothing left to lose.

Ausbildung

Da ich schon früh in das professionelle Musikgeschäft katapultiert worden war, hatte ich keine Zeit zu studieren. Mein Kunststudium hatte ich nach drei Jahren abgebrochen. Ich war bereits viel und lange mit mehreren Bands auf Tour. Mit einundzwanzig „entdeckte" mich Hans van den Burg. Es passierte bei einem Auftritt, während ich mit seinen ehemaligen Sängerinnen auf der Bühne stand. Nun gut, es waren zwei zusammengeschobene Kästen in der Kantine eines Filmhauses. Wir waren sehr ambitioniert und sangen vierstimmig schöne Sechziger-Jahre-Songs. Van den Burg sprach mich nach der Show an. Das beeindruckte mich schon. Schließlich hatte ich seine Platte „Back to '78" in meiner Schulzeit hoch und runter gehört. Drei Monate später ging ich als Sängerin und Keyboarderin mit seiner Band Gruppo Sportivo in West-Deutschland, Dänemark, Spanien und sogar der DDR auf Tour. Die DDR-Tour sollte den Grundstein für meinen späteren Umzug nach Berlin legen.

In den Zeiten zwischen den Tourneen als Session-Sängerin war ich häufig in Studios tätig. Da war ich umgeben von Hochschul-Musikdozenten, die meine Kollegen waren. Ich war immer lernhungrig und im Prinzip bediente ich mich ihrer Fähigkeiten und ihres Wissensstandes. Ich fragte sie aus, besuchte mal hier, mal da ihre Vorlesungen zum Arrangieren und zur Harmonielehre. Ich stellte mir sozusagen meine eigene Ausbildung zusammen.

So rutschte ich rein ins Amsterdamer Muziek Conservatorium (die Hochschule für Musik) und konnte bei einem der strengen Operndozenten, dem Briten Kevin Smith, privaten Gesangs-unterricht nehmen. Er gab mir sehr viel Selbstvertrauen und Unterstützung. Als ich mit meiner Band YouJane in dem Amsterdamer Poptempel „Paradiso" auftrat, stand er ganz vorne und schrie: „Blanche, you can do it! Go for it!" Prompt vergaß ich meinen Text.

Seine Gesangsstunden waren für mich wie eine Meditation. Ich vergaß alles um mich herum, während er am Klavier saß. Unter seiner kraftvollen Anleitung stiegen gewaltige Klangsäulen aus mir empor. Ich war wie ein vokaler Vulkan. Wow! Wie er das machte, ich weiß es nicht. Manchmal seufzte er während des Unterrichts, knallte den Deckel vom Klavier zu und schallte durch den Raum: „I would have made an opera singer out of you!" Aber dann war er auch wieder begeistert von meinem eigensinnigen und ungewöhnlichen Alleingang in der Musik. Als er plötzlich nach England zurückkehrte, habe ich heimlich ein paar Tränen vergossen.

Er hatte mir eine Idee davon gegeben, was es heißt, ein Stimmvulkan zu sein. Und das Gefühl, dass meine Stimme zählt.

Sing around the world

Schon als Kind war ich verliebt in Gershwins Musik, vor allem in seine „Rhapsody in Blue" und seine Oper „Porgy and Bess". Mit dreizehn Jahren begann ich mich für sogenannte Standards zu interessieren. Das sind Songs, die weltweit von Jazzmusikern gespielt werden. Es gibt eine Standard-Bibel, „The Real Book", die inzwischen in vielen Formen und Variationen veröffentlicht wurde. Jazzmusiker der ganzen Welt können dieses Buch aufschlagen (digital-virtuell oder in gedruckter Form), eine Tonart verabreden und zusammen losspielen. Auf Songs von Gershwin, Cole Porter, Rogers & Heart (oder Hammerstein), Jobim, Ray Charles und so weiter und so fort kann man also überall auf der Welt zugreifen. Als ich dieses Jazz-Session-System entdeckte, war ich hellauf begeistert. Ich formierte ein Hobby-Duo mit meinem Klassenkameraden Igor Douven, der ein großes Talent am Klavier war. Zwischen den Latein- und (gehassten) Mathehausaufgaben, die wir in großen Maßen zu erledigen hatten, fingen wir an, Songs von Gershwin zu üben: „I got rythm", „Somebody loves me" oder „Summertime". In mir entfachte eine richtige Leidenschaft: Ich würde in meinem weiteren Leben meine Real-Book-Kenntnisse noch erweitern und viele Standards singen. Später, als ich Prag, Moskau, Malta, Los Angeles oder Barbados besuchte, ging ich immer in die lokalen Jazz-Clubs. In der Pause sprach ich die Musiker an. Sie hatten immer Lust ein, zwei Stücke mit mir zu performen. Titel? Tonart? Los geht's! Das waren die schönsten Erfahrungen unterwegs.

Alter ist nur 'ne Zahl, Hauptsache ich strahl'!

„Oh, you're already twenty-seven?", sprach der Produktionsassistent von „Star Search" mit einem beunruhigten Blick. Er gratulierte mir nebenbei zu meinem Preis. „Well, we'll just tell them you're in your early twenties." Ich starrte ihn an und war verblüfft.

Eine Stunde zuvor hatte ich „Star Search International" gewonnen. Das war eine coast-to-coast-Fernsehausstrahlung in den USA, die gerade live in Hollywood stattgefunden hatte. Ich war euphorisch und fühlte mich benommen, benebelt und bombastisch. Aber meine Nerven lagen blank. Ich schwebte förmlich durch den Raum.

Etwas naiv und unwissend, worauf ich mich eigentlich einließ, war ich der Einladung eines Fernsehproduzenten gefolgt. Ich hatte ihn in Tokio beim Finale des Yamaha Festivals kennengelernt, wo ich mit meiner Band YouJane einen Auftritt hatte.

Er lud mich nach Los Angeles ein. Als ich zu Hause in Amsterdam ankam, lag schon ein Flugticket bereit. Kurz danach saß ich im Flieger nach Hollywood, um „etwas im Fernsehen" zu machen. Ich hatte Halbplaybacks von eigenen Songs und ein paar nette Klamotten im Koffer. Das Internet, wie wir es heute kennen, gab es 1990 noch nicht. Ich wusste erst, was mir widerfuhr, als ich auf der Bühne stand und Bobbie Womac und Steve Lukather von der Jury in die Augen schaute. Es blitzte durch meinen Kopf: „Holy Guacamoly, ich träume!" Wie immer atmete ich tief durch, schloss kurz die Augen und gab dann alles. Eine Weile später erhielt ich den Preis als „Best Female Vocalist" aus den Händen des legendären Ed McMahon. Das Märchen war perfekt.

Und nun war ich also eigentlich schon zu alt für den Gewinn? Das hatte er mir doch gerade durch die Blume gesagt?!

Ich habe mein ganzes Leben schon ein bisschen jünger ausgesehen, als ich tatsächlich war. Früher fand ich das schrecklich. Ich wollte älter und interessanter sein! Aber nach meinem fünfundzwanzigsten Geburtstag wendete sich das Blatt. Im Musikbusiness kann man nicht jung genug aussehen. Der Spruch des Assistenten saß also. Vielleicht auch, weil ich nach den vielen spannenden Erlebnissen und Emotionen auf der Hollywood-Bühne so offen und verletzlich war.

Danach hat es mich zwanzig Jahre gekostet, mich nicht mehr zu alt für das Musikgeschäft zu fühlen. Das hat mich zwar nicht daran gehindert, neue Sachen auszuprobieren. Es hat mich auch nicht davon abgehalten, immer 120 Prozent zu geben. Aber es hat mich immer wieder Kraft gekostet, dieser Stimme im Kopf zu trotzen. Kraft, die ich in viel schönere Sachen hätte investieren können. Erst als ich Mitte vierzig war, wurde mir plötzlich klar: Was soll's! Ich werde singen und coachen, bis ich umfalle! Hätte ich das doch nur früher begriffen. Das hätte mir viele Ängste und Frustrationen erspart. Nun gut: Besser spät als nie. Ich bin noch immer da. Fast drei Dezenniennach meinem Altersshock. Iris Apfel[20] ist mit ihrer großen Karriere, die bis heute (mit fast hundert Jahren) andauert, mein großes Vorbild.

Alter ist nur `ne Zahl. Hauptsache, ich strahl'!

---

20.   Iris Apfel (* 29. August 1921) ist eine US-amerikanische Geschäftsfrau und Innenarchitektin, die auch als Modeikone bekannt ist.

Frauensongs

Als ich siebzehn war, kurz nach dem Tod meines Vaters, kam meine Mutter in ihre zweite Pubertät. Sie trug von einem Tag auf den anderen nur noch Hippie-Klamotten und Jeans. Sie fing an „rote" und feministische Lieder zu singen und trat bei Veranstaltungen im örtlichen Frauenhaus[21] auf. Dieses Frauenhaus war für mich ein Gräuel. Da durften keine Männer rein! Und ich war doch gerade erst dabei, die für mich zu entdecken! Außerdem: Warum konnte meine Mutter nicht einfach so bleiben, wie sie war? *Ich* war doch in der Pubertät und *ich* war doch schon alternativ! Meine Mutter sollte sich benehmen!

Es gab in dem Frauenhaus auch Mädchenclubs und Gesprächsgrüppchen, die ich dann doch sehr attraktiv fand.

Wir tranken griechischen Bergtee und hörten Nina Hagens „Naturtränen" (als ich den Song zum ersten Mal hörte, war ich tatsächlich in Tränen aufgelöst). Ich kiffte zum ersten und letzten Mal und wir lasen uns vor aus Anja Meulenbelts „De schaamte voorbij" („Die Scham ist vorbei"). Nach einiger Zeit hatte ich mich mit der eigensinnigen Art meiner Mutter versöhnt, fand sie eigentlich sogar ganz cool (auch wenn das damals „hip" hieß) und begann, sie auf der Gitarre zu begleiten. An manchen Tagen gab es auch ein gemischtes Publikum (da durften sogar Männer ins Frauenhaus kommen). Da hatte ich ein paar richtig schöne Gesangserfahrungen. So rutschte ich mit meiner Schwester und Mutter rein ins feministische Frauenleben und wir fanden einen neuen Vertrauenskreis. Später entfernte ich mich davon wieder und

---

21. Ein Haus, in dem sich Frauen frei und ungestört emanzipieren und unterhalten sowie kulturell und politisch entwickeln konnten. Solche Einrichtungen gab es vor allem in den siebziger Jahren, in der Zeit von Love & Peace, aber auch von der zweiten feministischen Welle.

schrieb immer mehr eigene Songs. Es waren eigentlich kleine Gedichte, die ich mit meiner Gitarre oder am Klavier begleitete. Ich gab meine ersten kleinen Konzerte bei den „Käse- und Weinabenden" der lokalen Hotelfachschule. Ich sang bei Bibliothekseröffnungen und auf Schulveranstaltungen. Ein besseres Training gab es nicht. Aber das Frauenhaus, das war einzigartig und ich werde es nie vergessen. Heute ist meine Mutter kein Hippie mehr, aber noch immer hip.

Stimmen

Es gibt

dunkle Stimmen,

hohe Stimmen,

leichte Stimmen,

warme Stimmen,

klare Stimmen,

kaputte Stimmen,

junge Stimmen,

grelle Stimmen,

schöne Stimmen,

alte Stimmen,

schwere Stimmen.

Nur eins macht die Differenz,

die superlative Konsequenz:

Das Gefühl muss stimmen.

Mobbing?

Meine Schule, das Bernardinuscollege in Heerlen, wo ich das Gymnasium besuchte, war der Ort, an dem ich ab meinem 15. Lebensjahr meine ersten Karrieregehversuche wagen konnte. Ich sang auf Schulabenden, manchmal alleine oder mit meiner (ersten!) Band The Roadies. Wann immer es was zu feiern gab, konnte ich auftreten. Ich genoss den Schulstatus der Sängerin. Manchmal merkte ich, dass ich sogar ein bisschen Promistatus genoss. Bei immerhin 1.800 Schülern, was damals ungewöhnlich viel war, war das schon etwas Besonderes. Ich fand das eher amüsant und verstand es als kleine Anerkennung meiner musikalischen Bemühungen. Bis heute halte ich aber nichts von Menschen, die sich selbst auf ein Podest heben, nur weil sie das Glück haben, in irgendeiner Form erfolgreich zu sein. Einer der Vorteile meines Ministatus war allerdings, dass mein Sportlehrer mal laut lachend durch die Aula der Schule schallte: „Wenn Du so schön singen kannst, musst Du meinetwegen auch nicht mehr über einen Bock springen." Ich hasste Bockspringen. Ich verstand zwar den Zusammenhang von Gesang und Bockspringen nicht, nahm sein Angebot aber dankend an.

Trotzdem wurde ich gemobbt, von den „College-Mädchen" (sie waren reiche Töchter) – wie in einer karikierten amerikanischen College-Soap.

Ich lebte ja nicht in einer teuren Villa, sondern augenscheinlich vielmehr in einem Studentenwohnheim. Meine Mutter hatte nämlich fröhlich alle Fenster, die im ersten Stock zur Straßenseite hin lagen, mit Plakaten mit der Aufschrift „Anti-Neutronenbombe" und feministischen Sprüchen zugeklebt. Ich hätte ja im Prinzip nichts gegen eine große Villa einzuwenden gehabt, aber sie lag nun mal außerhalb unserer Möglichkeiten.

Meine Mutter war also eine wilde Hippiebraut und mein Vater sah bis kurz vor seinem Tod aus wie ein richtiger Künstler. Wir waren eine „schräge Künstlerfamilie". Ich denke, das war es, was den betreffenden Damen nicht gefallen hat.

Ich lief in meinen elfenhaften, selbst geschneiderten, bunten Kreationen durch die Schule. Wenn die Clique morgens aus dem Klassenraum rausschaute, um zu sehen, was ich heute anhatte, riefen sie einander zu: „Heute lila. Flatterrock. Blume im Haar. Widerlich!" Nie haben mich die Beleidigungen der Collegegirls wirklich getroffen: Im Gegenteil. Ich schwebte durch die endlos langen Flure, sie waren mein Laufsteg. Diese ganze Aufmerksamkeit dieser Damen war grandios. Sie bot mir eine Bühne, mitsamt virtuellem Spotlight, und gab mir das Gefühl, besonders zu sein. Ich bin ihnen bis heute dankbar.

Schöne russische Stimmen

Als ich Mitte zwanzig war, konnte ich mit meiner Band YouJane in Kooperation mit einer anderen Band aus den Niederlanden (Roberto Jacketti and the Scooters) eine Tour durch Russland machen. Es war 1989 und Gorbatsjov predigte Perestroika und Glasnost.

Mein musikalischer Partner André van der Hoff war Sohn einer Russin und eines Niederländers. Seine Mutter sang in einem Chor und kannte Hunderte von Menschen. Sein Bruder war Mitglied einer berühmten Band, die vor allem bei Teenagern sehr beliebt war. Über die Kontakte der Mutter bekamen wir die Chance, mit dem großen russischen Popstar Vladimir Presnyakov auf Tour zu gehen. Quer durch Russland. Wir starteten mit einem Konzert in Moskau. Nach anschließenden drei Tagen Sightseeing fuhren wir mit einem Zug nach Togliatti. Beim Konzert in Togliatti ging durch einen Stromausfall die gesamte Bühnenbeleuchtung kaputt. Sie bestand damals aus lauter Autoscheinwerfern. Ein paar Techniker mussten daher zurück ins mehr als 500 km entfernte Moskau reisen, um neue Lampen zu holen. Ich bekam einen völlig neuen Eindruck davon, wie das Musikerleben in anderen Teilen der Welt funktionieren kann. Menschen lassen sich durch keinen Mangel davon abhalten, Musik zu machen. Sie nutzen alle Mittel, die sie bekommen können.

In den Tagen, in denen wir nicht auftreten konnten, lernte ich einige russische Kollegen noch besser kennen. Der technische Leiter und Ton-Chef erzählte mir an einem Abend, dass er eigentlich hauptberuflich Chirurg war. Leider reichten seine Einnahmen als Arzt aber nicht aus, um seine Familie zu ernähren. Seine Geschichte hat mich sehr beeindruckt.

Wir erlebten Russland in einer völlig anderen Zeit!

Nach der Wartepause ging es mit dem Flugzeug nach Nalchik und wir endeten in Anapa an der nördlichen Küste des Schwarzen Meeres. Auch hier gaben wir ein großes Konzert. Wir blieben für ein paar Tage, bevor es zurück in die Hauptstadt ging.

Wir wussten am Anfang der Reise nicht, was auf uns zukommen würde. Ich war ein Kind des Kalten Krieges und hatte Angst vor den Russen. Die wollten ja alle eine Bombe auf uns werfen. Die Indoktrination durch Politik und Presse war sicherlich auch im Westen spürbar gewesen.

Doch die Menschen, die ich kennenlernte, waren ganz „normale" Menschen. Mit einem kleinen Unterschied: Sie vertrugen unfassbar viel Wodka.

Der Musiker Sting drückt in seinem Song „Russians" genau das aus, was ich meine:

„We share the same biology, regardless of ideology. Believe me when I say to you, I hope the Russians love their children too."

Vladimir Presnyakov war berühmter, als wir gedacht hatten. Er war quasi der russische Michael Jackson in blond. Es gab mehr auf Erden als nur unsere „West-Stars"! Vielleicht waren wir in einem Paralleluniversum gelandet?

Jeden Abend begeisterte er Stadien voller Menschenmassen. Zusammen mit ihm standen wir regelmäßig vor 25.000 Zuschauern. Da habe ich also meine ersten Erfahrungen mit solch einem großen Publikum gemacht. Ich war völlig überwältigt.

Bei den ersten Konzerten der Tour konnte ich diese Masse einfach nicht überschauen. Nach ein paar Konzerten aber fing ich an, Freude an dieser Masseneuphorie vor mir zu haben. Ich sang und peilte dieses Publikum an, als wäre es ein riesiger Körper. Das half mir, mich zu fokussieren. Immerhin waren wir jeweils „nur" eine Dreiviertelstunde auf der Bühne. Wir spielten immer als erste, danach kam Presnyakov mit seiner Band.

Presnyakov hatte eine sehr hohe Stimme. Er hätte als einer der Bee Gees keine schlechte Figur gemacht. Es gab zusätzlich eine Ballettgruppe, die bei seiner Show mittanzte und vorab eine Modenschau aufführte. Wir waren sozusagen ein großer, bunter Zirkus.

Schon bald hatte ich mich mit einigen Damen vom Ballett angefreundet. Ich war überglücklich, auch mal mit ein paar Frauen auf Tour zu sein. Sie waren allesamt wunderschöne, toll ausgebildete Ballerinen.

Eines Tages, nach einer Bootsfahrt auf der Wolga, saßen wir an einem Lagerfeuer, aßen und redeten. Drei Worte Russisch, vier Englisch und den Rest mit Augen, Händen und Füßen. Plötzlich (der Wodka floss schon wieder in Strömen) fragten die Tänzerinnen mich und meinen Kollegen, ob wir nicht ein Volkslied unseres Landes singen könnten.

Meine Kollegen sahen zuerst einander ratlos an und dann mich. Ich sang vielleicht ein Lied aus unserem Repertoire oder aus dem „Real Book". „Somewhere Over The Rainbow" vielleicht. Kann gut sein. Danach bat ich unsere russischen Freundinnen, etwas zu singen. Ohne einander anzugucken oder sich zu verabreden, schmetterten sie ein dreistimmiges Lied. Und noch eins und noch eins. In dieser unglaublichen Sprache. Mit ihren slawischen Stimmen, kehlig und doch rund, bohrten diese drei Tänzerinnen sich einen Weg direkt in unsere Herzen. Das war ein Gesang! Sauber, schön, musikalisch prächtig und ursprünglich wie ein Engelschor.

Die Natur um uns herum verstummte in Demut und das Feuer loderte.

Eine meiner schönsten musikalischen Erinnerungen an Russland entstand am Lagerfeuer in dieser russischen Middle of Nowhere. Getränkt in Wodka.

Als ich fragte, wo sie dieses wunderschöne Singen denn gelernt hätten, antworteten sie verdutzt: „Na, in der Schule!" Da wurde mir klar, was (unter anderem) in unserer Schulbildung fehlt: der Unterricht in Leidenschaft. Leidenschaft für die Musik. Leidenschaft fürs Singen.

Russen können sehr ausgelassen tanzen, feiern und singen. Sie haben eine leidenschaftliche Seele.

Danke, Sängerinnen der Wolga. Die Reise hat mir und allen, die mit mir unterwegs waren, eine wunderschöne Erinnerung geschenkt. Ihr seid ein wesentlicher Teil davon.

Mama!

Vor langer Zeit stand ich mit meiner damals achtjährigen Tochter an der Gemüsetheke im Supermarkt. Während ich meinen Einkaufswagen mit grünen, roten und gelben Vitaminbomben vollpackte, trällerte ich ein Liedchen vor mich hin. Ich glaube, das mache ich generell ziemlich oft, völlig unbewusst. Eigentlich kannte meine Tochter das von mir. Aber in dem Moment war ihr mein Gesang wohl unangenehm. Vielleicht hatte ein vorbeilaufender Supermarktbesucher komisch geguckt? Im Gegensatz zu mir stand meine Tochter damals äußerst ungern im Mittelpunkt der Aufmerksamkeit.

Meine Kleine zog an meinem Ärmel und flüsterte mahnend: „Mama, Du singst!" Es klang wie eine Warnung, als würde meine Mascara heftig verschmiert mein Gesicht verunstalten. Oder meine Tasche offen an meiner Schulter hängen. Ich guckte sie verdutzt an, lachte und hörte auf zu singen.

Später erzählte ich das meinen Kollegen im Bandbus. Wir waren auf dem Weg zu einem Konzert, irgendwo in der Republik. Alle fanden das ziemlich lustig. Seitdem sagt jeder meiner Kollegen bei Gelegenheit mal zu mir: „Mama, Du singst."

Stevie, ein Wunder

Vor einigen Jahren rief mich ein befreundeter Musiker aus Berlin an. Er wohnte bei mir um die Ecke und wir trafen uns meistens spontan im Café. Jetzt aber rief er mich aus einem offiziellen Grund an. Ich hörte eine gewisse Anspannung in seiner Stimme und spürte, dass er mir etwas Besonderes zu sagen hatte. Ich stand allerdings gerade in der Garderobe eines Berliner Jugendtheaters. Es waren nur noch drei Minuten bis zur Vorstellung mit Rumpelstil, der Band wo ich nunmehr seit fünfzehn Jahren Sängerin war.

Er fragte, ob ich an einem bestimmten Datum im Juni Zeit hätte. Er hätte an dem Tag einen interessanten Gig für mich.

Ich checkte das Datum in meinem Kalender und sah, dass ich an dem Tag mit der Band an der Ostsee sein würde. „Schade", antwortete er, „Du könntest an dem Tag mit Stevie Wonder auf der Bühne stehen."

Mir fiel das Telefon aus den Händen. Der Inspizient klopfte an der Tür: „Wir haben das Startzeichen. Die Show geht los."

Ich hob das Handy auf und stotterte in den Hörer: „Hey, ich ... ich werde da sein! Natürlich! Komme, was wolle!" Ich legte auf und rannte auf die Bühne.

Noch hinter dem geschlossenen Vorhang flüsterte ich meinen Bandkollegen zu: „Ich werde an einem Tag an der Ostsee nicht dabei sein können. Ich singe dann mit Stevie Wonder!"

Ich hörte meine eigenen Worte. Sie klangen fast irrsinnig. Meine Bandkollegen Brumme, Peter und Max müssen wohl geglaubt haben, dass ich zu viel Kaffee getrunken hatte.

Die Vorstellung zog sich wie Kaugummi: Ich war gedanklich

nur damit beschäftigt, mich zu fragen, wie ich das mit dem Auftritt an der Ostsee lösen konnte. Noch nie hatte ich bei einer unserer Vorstellungen gefehlt! Aber diese Chance würde mir doch hoffentlich keiner nehmen wollen? Nach der Show erzählte ich meinen Kollegen von dem Telefonat.

Ungläubig guckten sie mich an; mit einer Mischung aus nachvollziehbarem Neid und berechtigtem Zweifel ob meiner Geschichte. Man sagte mir leicht drohend, dass es nicht einfach würde. Eine Ersatzsängerin musste gefunden werden! Ich sollte mit ihr das Repertoire einüben. Ich würde an einem Tag nach der Vorstellung an der Ostsee ein Auto mieten, nach Berlin fahren müssen und am übernächsten Tag dann wieder zurück.

Kein Preis war mir zu hoch. Ich würde das schaffen. Nichts sollte mich aufhalten.

Es war nicht einfach, mitten im Sommer eine (nette, hilfsbereite, erfahrene, gutaussehende) Sängerin zu finden, die das ganze Brimborium für eine nur kleine Gage auf sich nehmen wollte. Kurz bevor ich verzweifelte und anfing zu glauben, ich müsste meinen Traum platzen lassen, kam der erlösende Anruf. Ein Freund, der einen Chor leitete, hatte eine tolle Sängerin in petto. Wir probten, wechselten Noten und Klamotten aus, guckten Videos von Auftritten an und übten die Zwischenmoderationen. Das alles für nur einen Auftritt!

Endlich war es dann soweit. Einen Monat später hatte ich das unfassbare Glück, einen Tag dem wahren King of Soul ganz nah zu sein. Ein paar auserwählte Sängerinnen und Sänger, alle von demselben Freund angerufen wie ich. Er hatte von Stevies Agentur den Auftrag bekommen, für den Gig in Berlin vierzehn Sängerinnen und Sänger zu selektieren. Ich danke ihm heute noch in meinen

Gebeten. Wir Sänger lernten einander und die Band kennen, probten zusammen, aßen gemeinsam im Cateringzelt zu Abend. Es gab fantastisches Essen. Vegetarisch, Thailändisch, Italienisch.

Vor der Show versammelten sich alle Musiker um Mr. Wonder, der jeden von uns umarmte und uns für den Auftritt Glück wünschte.

Als er auf mich zukam, spürte ich, wie sich meine Herzfrequenz verdoppelte. Mein Herz schlug quasi den Beat von „I Wish", einem meiner Lieblingssongs von Stevie. Er hielt zuerst kurz meine Hand und fragte mich dann, wie ich hieße. So machte er das mit jedem. Ich hatte für einen Moment meinen Namen vergessen. Drei Sekunden später wurde ich umarmt von meinem „long-life hero".

Wir alle waren zutiefst beeindruckt. Der Begriff „Charisma" muss wohl für ihn erfunden worden sein. Dann ging die Show los. Wenn wir gerade nicht auf der Bühne sein mussten, saßen wir im Celebrity-Bereich, einem abgesonderten Raum direkt davor. Ich erlebte alles wie in einem Traum.

In der zweiten Hälfte des Konzertes formten wir bei vier Titeln eine Art Gospelchor. Obwohl ich viele Jahre Erfahrung habe, fiel es mir schwer, mich auf die Einsätze und Songabläufe zu konzentrieren. Ich war einfach zu sehr geflashed von allem, was da um mich herum passierte.

An dem Abend hatte auch eine seiner Töchter, Aisha, Geburtstag. Sie kam auf die Bühne und Stevie sang „Isn't she lovely" für sie. Das Lied hatte er geschrieben, als sie noch ein Baby war.

Ich fühlte mich wie in einem Film!

Stevies Stimme ist einfach unverwechselbar, sein Timbre nach wie vor warm und beseelt. Er hat einen Stimmumfang, der seinesgleichen sucht. Nicht umsonst sang er einige Male auch im Weißen Haus für die Obamas. Manchmal glaube ich, dass Stimmen wie seine Himmel und Erde auf eine gewisse Weise verbinden.

Er sang viele bekannte Titel. Da merkte ich mal wieder, wie sehr Musik Erinnerungen hervorrufen kann.

Hunderte Male hatte ich seine Songs gehört. Sie formten sozusagen den Soundtrack meines Lebens. Während des Konzerts lief meine ganze Jugend in Bildern vor meinem inneren Auge vorbei.

Unmittelbar in seiner Nähe, zusammen mit seinen umwerfend tollen Musikern, durften wir an dem so weltberühmten Klang dieses musikalischen Genies teilhaben. Für viele von uns war das eine nahezu überirdische Erfahrung.

Heute noch begegne ich in meinem Berliner Kiez manchmal Leuten beim Bäcker, die sagen: „Hey, damals war ich auch bei dem Konzert von Stevie. Ich hab' Dich auf der Videoleinwand gesehen! Das war unglaublich, wir haben uns so gefreut!" „Ich mich erst", antworte ich dann und fange wieder an zu glühen. „Es war ein Wonder!"

Der singende Piccolo vom Hotel Adlon

Die sommerliche Abendsonne tauchte die Bäume in ein warmes, rotgoldenes Licht. Mit diesem fast filmischen Anblick vor Augen lief ich leise singend die vier Treppenstufen des Haupteingangs vom Hotel Adlon hinunter. Neben mir ein bildhübscher Piccolo im Livree, der mich mit strahlend blauen Augen anlächelte. Er nahm mir meinen Akkordeonkoffer aus der Hand. „Gestatten Sie? So eine schöne Stimme! Wo wollen Sie damit hin, Madame? Ich kann es nicht zulassen, dass eine talentierte Dame wie Sie so eine schwere Fracht schleppt", plapperte er charmant, als ich gerade das imposante Hotelfoyer verlassen wollte.

Ich war leicht beschwipst von dem Champagner, den ich von der Gastgeberin zu trinken bekommen hatte und fand seine betörenden Worte nur zu schön.

Ich hatte gerade vor zwanzig Leuten der oberen Zehntausend ein paar wunderschöne nostalgische Marlene-Dietrich-Lieder gesungen. Der Ort des Geschehens war einer der feinen Salons in diesem legendären Hotel. Ich war gekleidet in „Glitter and Glamour" und einer enormen weißen Federboa. Staatshäupter und internationale Stars hatten hier schon diniert, ihr Haupt gebettet oder einer Konvention beigewohnt. Ich fühlte mich umgeben von der Berliner Grandeur. Eine willkommene Abwechslung zu meinem sonstigen Leben als Jazz- und Popsängerin.

Also, Oma wurde achtzig, man ließ es sich gut gehen und leistete sich eine Feier im Adlon mitsamt Auftritt einer Live-Sängerin. In Zeiten von Musik aus der Dose, DJs und Co echt etwas Besonderes. Im Anschluss sang Max Raabe noch ein Ständchen. Das nenne ich eine Geburtstagsparty! Dabei sah Oma aus wie gerade einmal Mitte sechzig. Wahrscheinlich gut geliftet und in einem Kostüm von Chanel lauschte sie meinem Gesang mit wohlwollender Miene. Ich würde sogar behaupten, sie hat ab und zu leise mitgesummt. Ihr leuchtender Blick verriet ihre Freude und Anerkennung. Die Flasche Champagner, die ich von ihr erhielt, war ihr Lob.

Mein Piccolo bestand darauf, mich bis zum Kaffee Einstein zu begleiten. Da wartete damals eine neue Liebe auf mich. Ein Berliner Schauspieler, den ich in einem Varieté in Mitte kennengelernt hatte, als wir beide bei einer Jubiläumsshow des Hauses gastierten. Wir näherten uns über mehrere Wochen langsam an, aber von Anfang war klar, dass wir eine starke Anziehung zueinander empfanden. Irgendwann sang ich den Song „Send me someone to love" nur noch für ihn. Was man mit dem ganzen Herzen singt und wünscht, wird manchmal einfach Wirklichkeit. Er war dafür der lebendige Beweis. Seit einem halben Jahr, also noch immer in unserer Anfangsphase, waren wir verliebt. Ich freute mich schon darauf, sein Gesicht zu sehen, wenn er mich mit meinem kostümierten Begleiter sehen würde. „Ich fühle mich wie im Film", dachte ich, während wir über die weltberühmte, in unzählbaren Liedern besungene Allee Unter den Linden schlenderten. Als wäre ich Audrey Hepburn in einer Szene aus „Breakfast at Tiffany's".

„Wissen Sie", sagte mein Begleiter plötzlich, „privat beschäftige ich mich auch mit Musik. Ich bin DJ und Sänger!"

„Hah", antworte ich aufgeweckt, „dann können wir uns duzen. Wir sind ja quasi Kollegen!" Ich streckte ihm meine Hand entgegen. „Blanche", stellte ich mich vor. Wir lachten beide.

„Sidney Trooper", antwortete er. „Woher kommst Du, Blanche?"

„Aus den Niederlanden und Du?"

„Kanada", strahlte er mich an. Da erst fiel mir sein Akzent auf.

„Zwei ausländische Musiker in Berlin", sagte ich und breitete die Arme aus. „Die Stadt gehört uns!" „Genau das ist das Berlin, wofür ich mein Land verlassen habe", dachte ich verzückt. „International, voller Überraschungen, mit einem mondänen Glamour und trotzdem manchmal wie ein Dorf." Ich spürte noch den Champagner wirken und fing leise an, „Moonriver" zu singen. Er stieg sofort ein und summte mit kupfernem Timbre die zweite Stimme. Es wurde gerade richtig kitschig, da hörte ich ihn sagen: „Bitte Madame, äh, Blanche, es war mir ein Vergnügen!" Er stellte vorsichtig meinen Akkordeonkoffer ab, verbeugte sich gekonnt, winkte noch mal und verschwand zurück in Richtung Traumhotel.

„Ciao Bella, hat der Typè Dichè angebaggertè? Wieso nennen er Dichè beim Vornamen, èh?" Mein Date guckte dem uniformierten Mr. Trooper wie ein italienischer Macho hinterher. Dazu gestikulierte er noch wie ein wahrer Mastroianni.

Das Filmhafte der vorherigen Szene war ihm wohl nicht entgangen und er versuchte, auf dramatische Weise im Ganzen noch eine Rolle zu ergattern. Wie oft brachte er mich zum Lachen. „Ach nein, er war nur so nett und hat meinen Akkordeonkoffer über die ganze Allee getragen. Er ist DJ!", plapperte ich begeistert. „Ich meinte dann, dass wir ja der gleichen Zunft seien und uns duzen könnten!"

„Ihr Holländer seid mir auch ein joviales Völkchen", kommentierte meine neue Liebe die Geschichte. „Förmlichkeit ist nicht Euer Ding, was?" Ich lachte laut. „Ja, lieverd", antwortete ich verschmitzt, „das ist, was Du bekommst, wenn Du mit einer Niederländerin zusammen bist. Warmherzigkeit gepaart mit geduzter Unkonventionalität."

Tansania

Die Taschenlampenkonzertband Rumpelstil hatte Anfang des Millenniums, als ich gerade zur Band gestoßen war, eine gewisse CD-Tradition. Die Titel der Bandalben trugen die Namen der Bandmitglieder –in Kombination mit einem Ort, der denselben Anfangsbuchstaben hatte wie der Name des jeweiligen Mitglieds. Nach „Max in Mexico" und „Peter in Peking" – ich darf klarstellen, dass die Band bis dato nicht in die betreffende Länder gereist ist - wurde es 2007 nun Zeit für eine „Blanche in B..."-CD. Schon bald war klar: Es sollte ein Ort in Afrika sein! Diesen Kontinent „hatten" wir noch nicht! Nachdem Botswana, Burundi und Benin durchfielen, hatte Josef, ein Freund von uns, eine überraschende Idee: „Blanche in Bagamoyo". Das klang schön. Trotzdem musste er uns erst mal überzeugen. Wir wussten nicht mal, wo Bagamoyo lag.

Und warum wäre der Ort- abgesehen von seinem Anfangsbuchstaben - interessant für uns?

Bagamoyo liegt im schönen grünen Tansania, nicht weit über Dar es Salaam, der Landeshauptstadt, an der Küste. Ostafrika hat eine ganz eigene Musikkultur. Die könnte für das neue Album durchaus inspirierend sein. Außerdem - so wusste Josef uns zu erzählen - gab es in Bagamoyo ein besonderes Kinderheim, gestiftet von der Schweizerin Monica Brunner. Der Name des Heims lautet auf Kiswahili: Tuwapende Watoto (Wir lieben Kinder).

Monica ist Stewardess und studierte Soziologin. Auf einer ihrer vielen Flugreisen hatte sie unseren Josef, der Pilot war, kennengelernt und ihm von ihrem Herzensprojekt erzählt. Sie nutzte die Möglichkeiten ihres Berufes und flog regelmäßig zu den Kindern.

Ein paar Tage nach Josefs Vorschlag war klar: Ich war voller

Neugierde und wollte mir Bagamoyo und Tuwapende Watoto unbedingt angucken und die Kinder, die Betreuer und natürlich Monica Brunner kennenlernen.

Am 21. Januar 2007 war es soweit: Ich war auf dem Weg ins weite Afrika. Monica hatte in ihrer Schweizer Heimat hart gearbeitet und Gelder generiert. So konnte sie ein Stück Land in Bagamoyo kaufen und ein Heim bauen lassen. Dazu kam ein Kindergarten. Heute zählt die „Familie" schon neunundzwanzig Kinder. Damals waren es noch zwölf.

Das Heim übertraf meine Erwartungen: Hinter einer weißen Mauer mit einem großen Tor lag ein schönes Grundstück. Ein Spielplatz, ein Sandkasten und ein Garten mit einer großen weißen Villa schlummerten in der Mittagsonne. Mit den Armen voller Ananas und Mangos als Gastgeschenk begrüßte ich die Pflegemütter Bea und Benedicta und Praktikantin Simone.

Dann kamen, eines nach dem anderen, die Kinder aus dem Haus. Sie guckten neugierig, was es denn für Besuch gab.

Nachmittags spielten wir manchmal zusammen im Hof oder waren auch mal schwimmen im Meer - für Tansanier sehr ungewöhnlich.

Wir kommunizierten mit Gestik und Mimik und verstanden uns blendend. Schon bald lernte ich von Bea und Simone ein paar Wörter Kiswahili. Wir kochten Nudeln mit afrikanischem Spinat und große Pfannkuchen.

Eines Abends, als wir alle während der Dämmerung (Moskitozeit!) im Haus waren, bat ich die Mamas und Kinder, ein paar afrikanische Lieder für mich zu singen. Sofort rannte Bea davon und kam mit ihrem eigenen Djembe, einer afrikanischen Trommel, wieder. Ich war überrascht, wie bereitwillig und vollstimmig dann gesungen und getanzt wurde. Ich versuchte, hier und da mitzusingen, was die Kinder sehr lustig fanden. Die leicht schläfrige Abendstimmung war von der einen auf die andere Sekunde verwandelt in eine ausgelassene gute Laune. Sie konnten mir etwas zeigen, was zu ihnen gehörte; etwas, das ganz natürlich aus ihnen herauskam. Für einige Minuten überkam mich ein richtiges afrikanisches Lebensgefühl. Oder zumindest das, was ich dafür hielt. Ich vergaß, wer und wo ich war und welche Sprache ich sprach. Die Musik, das Trommeln und der lebendige Gesang waren unsere Sprache. Wir waren zusammen und verstanden uns prächtig.

Zehn Tage wohnte ich im Heim. Die Kinder stahlen eines nach dem anderen mein Herz. Ich lernte in kurzer Zeit sehr viel: über die afrikanische Welt, über unseren europäischen Reichtum, dessen wir uns oft gar nicht bewusst sind, und über Lebensfreude trotz relativer Armut. Auch über Essgewohnheiten und über das Gefühl, dass wir eigentlich alle eins sind. Über die Rettung, die das Heim für diese Kinder bedeutete. Und last but not least: über die afrikanischen Gesangsstimmen.

Es gab zwei oder drei Betreuerinnen, die zusammen und abwechselnd wie echte Mütter für die Kinder sorgten. Eines Tages durfte ich die Schulkinder mit einer Heim-Mama in die Schule begleiten.

Auf dem Schulhof versammelten sich die Kinder. An jenem Tag wurde zur Begrüßung draußen gesungen. Wirklich diszipliniert stellten sich die uniformierten Kinder zu einem Halbkreis auf. Sie sangen ein Lied über Afrika. Wieder einmal wurde mir klar, dass es so viele unterschiedliche Stimmklänge gibt, geprägt von Tradition, Kultur und Genetik. Registriert von meinen Ohren und eine zarte Gänsehaut zaubernd, strömten die Töne mir direkt in die Seele und bohrten sich für immer in mein Gedächtnis.

Die Phrase „Mama Afrika", die ich in meinem Song Tansania benutzt habe, habe ich von den Kindern gelernt. Mit Stolz und einem unverwechselbaren Strahlen besangen sie ihren Kontinent. Es fällt mir schwer, zu beschreiben, was diese Stimmen so besonders und erkennbar machte.

Ich wage dennoch einen Versuch: Ihre Stimmen klangen kräftig und doch verhalten, leicht kehlig und komplett ohne Vibrato. Mit einer ganz eigenen Farbe, von der warmen afrikanischen Sonne koloriert.

In den zehn Tagen meines Aufenthalts habe ich nicht ein einziges Mal ein traditionelles Orchester zu sehen oder hören bekommen. Überall – in Taxis, auf dem Bahnhof, in den Läden und an den Marktständen – schallte Reggae aus den Radios. Einmal fragte ich einen Taxifahrer, was denn für ihn traditionelle afrikanische Musik sei. „Old-fashioned. Don't wanna hear", antwortete er kichernd. Bob Marley hat dagegen eine Musikart geschaffen, die für Millionen von Menschen in und aus Afrika verbindend und wie ein Identitätsverstärker wirkt. Sogar so viele Jahre nach seinem Tod ist Reggae „still steering it up".

Ich kehrte voller Eindrücke zurück nach Hause. Die Platte, die wir danach als Band produzierten, wurde etwas Besonderes. Meine Kollegen hatten sich von meinen Geschichten inspirieren lassen und es vibrieren viele afrikanische Vibes durch die Songs. Ich träumte noch Wochen nach meiner Reise von den vielen Begegnungen und verewigte die Namen der Kinder aus dem Heim in dem Lied „Tuwapende Watoto". Dieser Song und der Titel „Tansania" flossen nur so aus meiner Feder heraus.

Mein Kontakt zum Heim und zu Monica Brenner blieb. Am Ende des Jahres spendeten wir pro verkaufte „Blanche in

Bagamoyo"-CD einen Euro an das Heim. Es kam ein sehr schöner Betrag zusammen.

Vor wenigen Jahren noch sang ich im September mit Rumpelstil und dem Taschenlampenkonzert in einer komplett ausverkauften Waldbühne die Songs „Tansania" und „Tuwapende Watoto". Das ganze Publikum sang die Refrains voller Inbrunst mit.

Ein kleines bisschen hoffe ich, dass Afrika, zumindest für die Rumpelstil-Fans, ein anderes, weniger von Kriegen und Hungersnöten geprägtes Gesicht bekommen hat.

Tansania

In Tansania hat alles seine Zeit.

Das Licht ist so stark,

der Horizont so weit.

Ja, das Grün ist so grün,

die Massai strahl'n in Rot.

Und plötzlich wird es dunkel nach dem Abendbrot.

Die Sonne wärmt das ganze Land.

Die Straße ist wie ein Riesenstrand.

Voller Farbe, Duft und Lärm.

„Mambo habari"[22] sagt man gern.

Tansania, schöne Küste Afrikas.

Tansania, Mama Afrika.

In Tansania sagt man „nsuri sana[23]"

und alle Watoto[24] singen la, la la.

Ja, in Afrika, da lächelt man sehr breit

mit strahlenden Augen, immer hilfsbereit.

22.   mambo habari - Hallo, wie geht's?
23.   nsuri sana - Vielen Dank.
24.   Watoto – Kinder.

Auf jedem Haus steht „karibu"[25],

Du gehörst als Fremder auch dazu.

Afrika ist endlos weit, ja endlos weit.

Tansania, Du bist weit weg und doch so nah.

Tansania, Mama Afrika.

25.   Karibu – Willkommen.

Teil 3

Sing Dich an die Wand:

Einfache Übungen und Experimente

zum Entdecken der eigenen Stimme

1. Was wichtig ist

Die Übungen, die ich hier gesammelt habe, sind speziell für Menschen, die (kaum) Erfahrung mit dem bewussten Einsatz ihrer Stimme haben. Alle Übungen kannst Du im Normalfall ohne professionelle Begleitung durchführen, ohne Risiken und Nebenwirkungen – vorausgesetzt, Du forcierst Deine Stimme nicht.

Wie erkennst Du, ob Du Deine Stimme forcierst?

Wenn Du entspannt singst oder sprichst. Wenn nichts drückt oder wehtut. Wenn Du sie nicht in extreme Höhen oder Tiefen reinpressest. Dann forcierst Du mit an Sicherheit grenzender Wahrscheinlichkeit nichts.

Es geht darum, Dich heranzutasten und auszuprobieren. Wenn Du danach begeistert bist und Deine Stimme ernsthaft trainieren möchtest: Buche Dir einen Gesangsdozenten oder -Coach.

Folgende Punkte sind generell wichtig:

- Sing oder sprich ohne (zu) viel Druck.

- DU BIST DEINE STIMME. Wenn Du gestresst, frustriert, wütend, traurig oder anderswie emotional belastet bist, wird das in Deiner Stimme hörbar sein. Womöglich blockiert sie. Entspann Dich. Fang ganz ruhig an.

- Konzentriere Dich. Aufs Singen oder Sprechen. Nicht auf das Wetter, das Menü von heute Abend oder auf den Ärger mit Deinem Nachbarn.

- DENK NICHT. FÜHL. (Oder auch: Kopf aus, Herz an.)

- Sei ganz bei Dir.

- Atme! Atem ist das Allerwichtigste. Ohne Atem kein Ton. Eine „gute" Atmung ist der sogenannte physiologische Atem (die Bauchatmung). Aber denk nicht zu viel darüber nach. Entspann Dich und atme ruhig, ohne dass sich Deine Schultern bewegen. Studiere Deinen Atem lieber mit einem Gesangslehrer oder -coach.

- Gähne. Beim Gähnen senkt sich der Kehlkopf, der Atem ist natürlich und der Klangraum perfekt.

- Probiere Dich in einer ungestörten Umgebung aus.

- Hab Spaß!

2. Singe Dich selbst „an die Wand"

Das brauchst Du:

Nur Dich, Deine Stimme und eine kahle Wand.

So geht's:

Stelle Dich in einem Raum, der Dir vertraut ist, vor eine kahle Wand. Fang nun vorsichtig an (mit dem Gesicht ungefähr fünf Zentimeter von der Wand entfernt), Töne zu singen.

Probiere verschiedene Stimmlagen und Klänge aus: hoch, tief, laut, leise, hart, weich. Spüre, was die Wand mit Deiner Stimme und Deine Stimme mit Dir macht. Finde dann den Ton, der am schönsten gegen die Wand vibriert. Schau, was diese Vibration mit Dir macht. Wenn Du nicht direkt singen magst, kannst Du auch summen.

Das bringt es Dir:

Du spürst, wie die Wand Deine Stimme reflektiert. Das ist wirklich ganz prägnant, Du hörst Dich viel besser als sonst!

Gerade längere Töne, die am meisten Vibration in Deinem Kopf oder Deiner Brust erzeugen, können eine sehr entspannende Wirkung haben.

Variation 1:

Singe in eine Ecke hinein, gegen eine Backsteinwand, eine unverputzte Wand, eine Korkwand usw. Spüre den Unterschied.

Variation 2:

Singe in den Raum hinein und halte dabei Deine Hände (mit den Handflächen nach hinten) wie große Muscheln vor Deine Ohren. Du wirst Deine Stimme ganz anders wahrnehmen – nämlich so, wie sie im Raum klingt.

Variation 3:

Umfasse mit Deinen Händen Deine Ohrmuscheln (mache sozusagen Deine Ohren riesengroß) und singe. So hörst Du Dich ganz nah und laut.

Tipp: In einer lauten Umgebung ist es manchmal fast unmöglich, ein Gespräch zu führen. Wenn Du die Umgebung aber nicht ändern kannst und trotzdem Redebedarf hast, dann sprich einmal in das Ohr Deines Gegenübers, während ihr euch selber die Finger in die Ohren steckt. QR Code?!

Jetzt kannst Du sehr entspannt ein Gespräch führen. Die Umgebungsgeräusche werden so nämlich teilweise ausgeblendet. Das, was nah an Dir dran ist (die Stimme Deines Gegenübers), hörst Du gut. Gleichzeitig kannst Du so Deine Stimme vor Übermüdung schützen.

3. „Kitchensinging"

Das brauchst du:

Einige Schalen und Gläser unterschiedlicher Größe.

So geht's:

Sing zuerst in eine kleine Schale hinein, dann in eine größere. Dann in ein Glas usw.

Das bringt es Dir:

Du merkst den Unterschied in der Resonanz des Klanges und darin, was es bei Dir auslöst. Deine Stimme klingt eben auch in verschiedenen Räumen unterschiedlich.

Spüre ich Dich hinein und achte darauf, bei welchem Klang Du Dich am wohlsten fühlst

4. „Blubbern"[26]

Das brauchst Du:

Eine 0,4-Liter-Flasche und einen 32 cm langen Hygieneschlauch[27] aus Silikon mit einem Durchmesser von ungefähr 10 mm. Dieser Schlauch ist im Internet in vielen Formen zum selber-Schneiden erhältlich, aber es gibt auch vorgefertigte Blubberschläuche aus hygienischem Silikon. Diese findest Du zum Beispiel unter www.blubberschlauch.de.

So geht's:

Nimm die Flasche und fülle sie zu drei Vierteln mit Wasser. Nimm den „Blubberschlauch" und stecke ihn hinein, sodass das untere Ende unter Wasser ist. Spezialisten auf dem Gebiet meinen, dass Frauen den Schlauch 1-3 cm ins Wasser stecken und Männer 4-5 cm. Der Schlauch sollte ungefähr 1 cm zwischen den Lippen stecken. Singe und summe nun durch den Schlauch ins Wasser. Fang mit einfachen Tönen an, zum Beispiel einer Tonleiter oder einem langen eintönigen „Uuuuuuuuuh".

Das bringt es Dir:

Dies ist eine wichtige Übung zur Pflege, Entspannung, Heilung und Schulung der Stimme. Der ganze Bereich – Stimmlippen, Kehlkopf, Vokaltrakt[28] - wird nämlich durch die Vibrationen, die beim Blubbern entstehen, entspannt.

---

26.   Vor über 25 Jahren entwickelte die finnische Logopädin und Stimmtherapeutin Marketta Sihvo eine kinderleichte und effektive Übung für die Stimme und nannte sie LAX VOX® (lat. laxe: frei, locker; Vox: die Stimme).

27.   Ein „Hygieneschlauch" ist lebensmittelecht, wiegt fast nichts und ist flexibel. Um ihn zu desinfizieren, kann man das Material mit ausreichend Wasser ab und zu auskochen.

28.   Der Vokaltrakt, auch Ansatzrohr genannt, ist der oberhalb des Kehlkopfs gelegene Teil des Sprechapparats (Rachen, Mund, Lippen, Nebenhöhlen, Zähne).

5. „Schlauchsingen"

Das brauchst Du:

Einen Plastikschlauch von 25-30 cm.

Im Karnevalsladen gibt es oft bunte Plastikschläuche. Ich habe keine Ahnung, wofür die eigentlich benutzt werden, aber für diese Übung kannst Du sie bestens verwenden. Sie haben einen Durchmesser von etwa 4 cm. Die Länge variiert. Ab 25-30 cm Länge sind sie besonders geeignet.

So geht's:

Nimm das eine Ende vom Schlauch in die linke Hand und halte es vor Deinen Mund (nicht wie beim Blubbern zwischen den Lippen). Das andere Ende nimmst Du in die rechte Hand und hältst es ans Ohr. Dabei ist allerdings Vorsicht geboten! Fang zunächst leise an zu singen; es kann nämlich Dein Gehör und Deine Freude an Deiner Stimme schädigen, wenn Du zu laut in den Schlauch hineinsingst. Jetzt hörst Du Deine Stimme in ganz konzentrierter Form; der Schlauch wirkt quasi wie ein Stimmtransporter und bringt die geballte Frequenz Deiner Stimme direkt in Dein Ohr. Probiere auch hier verschiedene Tonhöhen und Klänge aus.

Das bringt es Dir:

Der Effekt dieser Übung ist, dass Du Deine Stimme so nah hörst wie sonst nie. Es ist immer etwas anderes, ob Deine Stimme durch den Raum in Dein Ohr gelangt oder so direkt wie bei dieser Übung. Du lernst zum Beispiel, differenzierter zu sprechen und zu singen und genauer darauf zu achten, wie viel Kraft Du einsetzt.

6. Blubbern ohne Schlauch und Wasser

Das brauchst Du:

Deine Stimme, Dich.

So geht's:

Sing die ersten fünf Töne einer Tonleiter in einer entspannten Tonlage in einem Atemzug hoch und wieder runter. Halte dabei den Mund geschlossen, die Lippen berühren sich nur ganz leicht, die Zähne berühren sich gar nicht oder nur kaum. Beim Singen variierst Du den Lippendruck. Du wirst sicherlich ein paar Versuche brauchen, aber mit der Zeit entsteht eine Art „Blubbersound" ohne Wasser, weil der Luftstrom die Lippen blubbern lässt.

In der zweiten Runde setzt Du die Tonleiter einen halben Ton höher an. Nimm Dir eventuell ein Instrument zur Hilfe oder nutze eine App (z. B. Virtuoso), die Dir hilft, Deine Tonhöhe zu überprüfen.

Das bringt es Dir:

Diese Übung lockert die Stimme und die Muskulatur des sogenannten Ansatzrohrs, auch Vokaltrakt genannt. Das ist der oberhalb des Kehlkopfs gelegene Teil des Sprechapparats. Die Übung ist eine sehr gute Aufwärmübung, bevor Du mit dem Sprechen oder Singen beginnst.

Variation: Alternativ kannst Du die gleiche Übung auf „Prrrr" durchführen, mit gerolltem R.

7. „Tönen"

Das brauchst Du:

Deine Stimme und eine ruhige, ungestörte Umgebung.

So geht's:

Stecke die Finger in Deine Ohren und summe, singe, grunze, miaue. Das sind Geräusche, die Du bestimmt lieber erst mal in ganz geborgener Privatsphäre machst und nicht in einem Großraumbüro. All diese unterschiedlichen Töne können Deine Gefühlslage ausdrücken. Frust oder Wut könntest Du rausbrüllen. Dann wirst Du ganz leise, um Dich zu erholen oder zu besänftigen. Nach einer Weile nimmst Du die Finger aus den Ohren und wirst auch Deine Stimme ganz neu wahrnehmen.

Das bringt es Dir:

Dieses „in-sich-Horchen" bewirkt zweierlei: Du bist ganz in Deiner Welt und singst oder tönst Deine Gefühle heraus. Außerdem entsteht dabei eine Brücke zwischen Deinen Emotionen und Deinem stimmlichem Ausdruck. Was raus muss, muss raus!

8. Nimm Deine Stimme auf

Das brauchst Du:

Ein Aufnahmegerät oder ein Smartphone mit

Sprachmemo-App.

So geht's:

Öffne die App und sprich oder singe etwas ein. Sei dabei nicht zu nah am Mikrophon, sonst übersteuert die Aufnahme. Je weiter Du vom Mikro entfernt bist, desto mehr hört man auf der Aufnahme den Raum (Hall). Mache zunächst eine Test-Aufnahme, um den richtigen Abstand zu bestimmen.

Du kannst Dich endlos aufnehmen (und - falls nötig - die Aufnahme wieder löschen). Am besten nimmst Du einen Satz oder Zeilen aus einem Song in verschiedenen Sprech- oder Singvarianten auf. So kannst Du sie später besser miteinander vergleichen. Dabei lernst Du, was Dich mehr herausfordert oder Dir besser gefällt.

Man kann sich für wirklich kleine Beträge schon beachtliche Halbplaybacks (Begleitung ohne Gesangsstimme) von Tausenden Songs aus dem Internet herunterladen. Vor allem auf bestimmten Karaoke-Webseiten gibt es viel zu holen. Oft bekommst Du für einen kleinen Extrabetrag sogar die Version mit Gesangsstimme dazu. So kannst Du auch schwierigere Passagen einstudieren.

Im Internet findest Du zudem auch ganz leicht die Texte zu den Songs, die Du üben möchtest.

Lass das Playback Deines Lieblingssongs mit Gesangsstimme einfach über eine Lautsprecherbox im Hintergrund laufen und übe Deinen Song. Danach spielst Du die Version ohne Gesangsstimme ab. Sing dazu dann Deine Interpretation des Songs.

Das bringt es Dir:

Wenn Du dafür die Ruhe hast und Dir ungestörte Zeit nimmst, ist dies eine gute Methode, um die Wirkung Deiner eigenen Stimme zu studieren. Wie klingst Du? Redest oder singst Du zu schnell, zu hoch oder tief, artikulierst Du genug? Hast Du eigentlich eine schönere Stimme, wenn Du leiser singst oder gerade lauter?

Auf diese Art und Weise – durch Selbstreflektion und dem daraus folgenden Lerneffekt – kannst Du viel über Deinen Gesang und Deine Stimme lernen.

9. Schreibe Deine Stimmbiographie

Das brauchst Du:

Papier, einen Stift.

Oder: einen Computer mit einem Schreibprogramm.

Willst Du es angehen und ran an die Stimmbänder, aber merkst Du, dass Dir dabei etwas im Weg steht? Hast Du immer einen Kloß im Hals, wenn Du nur zum Ton ansetzt? Oder versinkst Du lieber im Erdboden, als dass Du einen Satz singen würdest? Dann ist diese Übung ratsam.

So geht's:

Erstelle eine Tabelle mit einer schmalen und zwei breiteren Kolumnen.

Links, in der schmalen Kolumne, schreibst Du das Datum eines Ereignisses, welches Dein Empfinden im Zusammenhang mit Singen beeinflusst hat. Rechts davon - je nach Erfahrungswert – in der negativen oder positiven Kolumne das dazu passende Ereignis.

Du wirst merken, dass Dir Situationen, von denen Du dachtest, sie schon lange vergessen zu haben, schnell wieder einfallen. Sowohl schöne als auch nicht so angenehme Erinnerungen werden sich auftun.

Wenn Dir nichts mehr einfällt, liest Du Dir alles, was Du aufgeschrieben hast, noch mal in Ruhe durch. Du wirst merken, dass sich schnell etwas in Dir löst.

Du fängst vielleicht an, besser zu verstehen, was Dich entweder antreibt oder Dir beim Singen im Weg steht.

Das bringt es Dir:

Wenn man Erinnerungen aufschreibt, kann man oft direkt etwas mehr Distanz zu ihnen einnehmen. Außerdem sieht man, welche der beiden rechten Kolumnen „stärker" ist: die mit den negativen oder die mit den positiven Erfahrungen.

Du wirst merken, dass die Außenwelt Dir nichts anhaben kann, wenn Du eine Leidenschaft für das Singen hast. Wo ein Wille ist, ist ein Weg.

Und wenn Du Dich nach dem Herstellen Deiner Stimmbiographie schlechter fühlst? Dann weißt Du, wo Du ansetzen kannst. Das ist der erste Schritt zur Besserung. Investiere beispielsweise in eine Stimmtherapie oder arbeite mit einem vertrauenswürdigen Gesangscoach.

Beispiel für eine Stimmbiographie-Tabelle:

Jahr	Negativ	Positiv
1987	Schulchorauftritt, schlimmes Lampenfieber	
1988	Zu Hause ausgelacht, als ich mit einer Haarbürste als Mikro vorm Spiegel stand und Ariana Grande mimte	
1990		Meine Freundin B. sagt, dass ich eine schöne Stimme habe.
1992		Ich darf ein Solo beim Chorauftritt singen.
1995		Ich komponiere und singe meinen ersten Song auf der Gitarre. Mein Bruder mag ihn.

Schlusswort

Ich bin gespannt auf Deine Gedanken und Erfahrungen beim Lesen und Üben. Vielleicht hast Du sogar Ideen, wie man die Übungen ergänzen könnte.

Eventuell hast Du Dir sogar selber eine Übung ausgedacht.

Ich freue mich über Dein Feedback und Input an folgende E-Mail-Adresse: be@singingoutloud.de

Auf www.singingoutloud.de findest Du mehr Infos über mich, meine Arbeit als Sängerin und Coach und über den Podcast „Rot & Blond", den ich zusammen mit meiner Freundin, Coachingkollegin und Foodbloggerin Natali Borsi mache.

Ich bedanke mich von ganzem Herzen bei allen, die mir mit Rat und Tat zur Seite gestanden und mich motiviert haben, weiterzumachen: meiner Mama Julia, meiner Tochter Luca, Natali Borsi, Su-Yen, Anja Saskia Beyer, Ann-Christin Schmitt-Rogalla (Frau Schmitt schreibt), Tanja Kreideweis (Marketing), den Mitarbeitern von Tredition und Lisa Kopelmann, meiner Lektorin.

Auch allen Musikern aus den Niederlanden, Deutschland und der ganzen Welt, mit denen ich die vielen Auftritte und Abenteuer, die in diesem Buch beschrieben sind, erlebt habe, danke ich sehr. Ihr seid zu viele, um euch einzeln aufzulisten, aber jeder von Euch ist in immer in meiner Erinnerung und oft auch in meinem Herzen verankert.

Last but not least gilt der Dank meinen Kollegen, Freunden und Mitstreitern, mit denen ich noch immer in der Kulturlandschaft unterwegs bin: meinen Bands Rumpelstil (Das Taschenlampenkonzert) und Blanchette, dem Team von Singing Out Loud und einigen anderen.

Das Leben ist vielleicht kein Wunschkonzert, aber ein schönes.

Just be proud, singing out loud!

Eure Blanche Elliz

Meine Stimmbiographie:

Jahr	Negativ	Positiv
Jahr	Negativ	Positiv

Meine Stimmbiographie:

Jahr	Negativ	Positiv
Jahr	Negativ	Positiv

Über die Autorin

Blanche Elliz ist seit mehr als dreißig Jahren professionelle Sängerin, Entertainerin, Songwriterin, Sprecherin und Moderatorin. Sie ist Frontfrau der Band Rumpelstil, die seit fünfzehn Jahren in der Berliner Waldbühne und bundesweit ausverkaufte Taschenlampenkonzerte gibt.

Zuvor lebte die Holländerin in Amsterdam, wo sie viele Jahre als Studio- und Solosängerin arbeitete. Elliz war auf den Bühnen dieser Welt unterwegs und verfügt damit über eine enorme Bühnen- und Entertainmenterfahrung.

Ihr Ziel ist es, diese Erfahrungen weiterzugeben. Als zertifizierte WingWave© und NLP Coach und Stimmtherapeutin möchte sie Menschen dabei helfen, sich gezielt von ihrem Lampenfieber zu befreien und ihre Stimmkraft zu entfalten. Zentral ist dabei das „innere Strahlen", das jeder Mensch in sich trägt. Wenn dieses Strahlen von Angst, Selbstzweifel, Mauern und Druck befreit wird, macht es den Weg frei für Authentizität und Charisma und damit für eine gute und einzigartige Selbstpräsentation.

In ihrer gleichnamigen Motivationsshow „Singing Out Loud" bringt Elliz den Teilnehmern das Singen näher. Auf ihrer Website www.singingoutloud.de findest Du viele Informationen sowie einen Link zu ihrem Koch- und Sing Podcast „Rot&Blond: Cooking Out Loud" (zusammen mit Foodbloggerin, Coach und Unternehmensberaterin Natali Borsi).

Blanche Elliz lebt seit 24 Jahren in Berlin und hat eine erwachsene Tochter.

© 2020 Blanche Elliz